死にたい気持ちに触れるということ

ソーシャルワーカーが見ている景色

加藤雅江

大月書店

はじめに

この本を手に取ってくれた方へ
今、ゆっくり体を休めることができていますか？

好きなときに、好きなことをする時間がありますか？

自分のことをまず一番に考えることができていますか？

何かが起きたときに、自分のせいだ、自分が我慢しないと、って思っていませんか？

あなたの人生はあなたのものです。

あなたが好きなように好きな道を選んでいいのです。

もちろん、少しの我慢をしなければいけないことや、思いどおりにいかないこともときには
あるけれど、自分の生き方は自分で決めていいし、ほかの人にはほかの人の人生があります。

ほかの人の人生まで背負う必要はないのです。そんなこと言われても、と困ったり、腹が立っ

たりするかもしれません。

でも、人の人生は誰かの犠牲《ぎせい》の上に成り立つものではないと思うのです。みんなが持っているそれぞれの権利が守られるように生きていくことを目指したいのです。誰かに気を配って、相手を大切に思うことは本当に大切なことだとは思います。でも、その思いに縛られて、自分のことを後回しにしたり、気持ちを押し殺すこととは少し違うのです。

誰かの、何かのバランスをとるために孤軍奮闘《こぐんふんとう》していませんか？しんどい気持ちが湧《わ》いてきたときに自分自身に罪悪感を感じたりしていませんか？

閉められている居場所の、自分自身のこころのドアを少し開けてみませんか？外の空気が入ると少し変わるかもしれません。新しいことを始めたり、変化を受け入れることは、怖いとは思うけれども、悪いことではありません。先の見通しが立てられるようにあなたを支えてくれる人は必ずいます。あなたが一歩を踏み出してくれることを待っている人が。

一方で。

今のままのあなたでだいじょうぶ、そのままの自分でいいんだよ、というメッセージを受け取ることもあると思います。今のままでいいなら変わる必要はないのではないか、と思うかもしれません。もちろん、根っこの部分の自分は大事にしてください。自分の価値は自分が一番わかるはず。人と合わせるために、社会のために変える必要はないのです。もし、つらくて自分自身を解放してあげたい、違う自分を試してみたいと思うのであれば、チャレンジするのもありだと思います。チャレンジする自分もチャレンジしない自分も好きでいてほしいのです。

私は、長く大学病院でソーシャルワーカーとして働いていました。救命救急センターには薬を大量に飲んだ自殺未遂の人が搬送《はんそう》されてきました。治療が終わり、回復してくるとベッドサイドでお話を聞かせてもらいました。どんな思いで薬を手に取り、口にしたのか。少しでもその人を知りたいと思って、話を聞きました。身体が回復してもこころが追いつかない様子が全身から伝わります。

多くの人が、苦しかった子ども時代からの毎日をぽつりぽつりと話してくれます。初めて会った人にだからこそ話せることなのかもしれません。私はできるだけ口をはさまないようにして、言葉を待ちます。

早く大人になりたい、そうすれば苦しい毎日は終わるのかもしれないと思っていた。けれど、大人になってもずっとずっと苦しかった。生きづらかった、と話してくれます。

毎日処方薬《しょほうやく》を飲まずにためたり、薬局で薬を買い込んでおいたり。

つらくなったらこの薬を飲んで、そうしたら楽になることができる。

そう思うと今日一日をしのぐことができる。今日が終わればなんとかなるかもしれない。

この薬さえあれば、いつでも死ねる、その安心感がほしいのだ、と。

この言葉を聞いて、抱えるものの重さや、苦しい毎日が少しだけ見えてきた気がします。


自分を傷つけてしまわないと居られない人たちも運ばれてきました。

死にたいわけじゃないし、気分を変えたくて、あるいは、人に向かういらだちをこらえるために、自分のつらさや葛藤《かっとう》を飲み込んで生きている様子がその姿から伝わりました。

自分の気持ちをコントロールするために始めたことが、次第に自分ではコントロールできなくなり、いつの間にかその行為に、自分がコントロールされてしまう。

自分を傷つけていても苦しい。

自分を傷つけていないときも苦しい。

どちらにしてもつらい中で毎日をじっとやり過ごしている。

つらい記憶をなかったことにするために、
死なないために、
生きるために、
人を傷つけないために。

自傷《じしょう》や過量服薬《かりょうふくやく》を繰り返す人たちは生き延びるために、自分を守るスキルとしてその行為を身に着けているのだ、ということがようやく見えてきました。

生きていくことに消極的になった気持ちを切り替えて、「生きる」ための一歩を踏み出すために、どんなに勇気がいるのか、たくさんの人が教えてくれました。

ソーシャルワークを通して、私が出会った人から教えていただいたこと、私が出会った人に伝えてきたこと、これから出会うことができるかもしれない人に伝えたいことをこの本に書いていきたいと思います。

その前にまず、自己紹介をかねて、どんな仕事をしてきたのかをお伝えして、「ソーシャルワーカーって、こんな仕事をしているんだな」と知ってもらえたらいいな、と思っています。けれど、今一番気になるところから読んでくださっても、もちろんだいじょうぶです。

この本の中には、たくさんの事例が登場します。今まで私自身が経験したり出会った人たちの話を、つなぎ合わせて作り出した架空の事例ですが、気持ちがつらくなってしまうような話もあります。読んでいてつらくなったら、まずは本を閉じて、気持ちを休めてください。そして、自分をいたわってあげてください。

1 ソーシャルワーカーという仕事

私は東京にある病院のソーシャルワーカーとして仕事をスタートさせました。

小学6年生のときに見た映画がきっかけで、病院にはソーシャルワーカーという仕事をしている人が居るのだと知りました。どうやったら、ソーシャルワーカーになれるのか、調べたけれどなかなか知りたいことが手に入らずにいました。私が通っていた高校のすぐ隣には大学病院がありました。高校3年生になり、進路を決める、というときに、隣の病院にはソーシャルワーカーは居るのかな、と探検に出かけました。今となってはよくそんなことをしたなぁと思うのですが、そこで働くソーシャルワーカーさんにアポなしでお会いして、たくさんの質問をぶつけました。

見ず知らずの高校生にソーシャルワーカーの方はとてもていねいに向き合い、いろんなことを話す時間をくださいました。大学では社会福祉を勉強することを勧められ、まだ資格はできていないけれど将来必ず資格ができて、必要とされる仕事になるはずだ、ということを教わりました。帰るころには、ソーシャルワーカーになるしかない！　と妙な覚悟を持ちながら、病院を後にしました。

まさか、自分が4年後にその病院のソーシャルワーカーになるとは思いもせず、ただただ進む道が見えてきたのがとてもうれしかったことを覚えています。

ソーシャルワーカーという仕事を知っていますか？

私は大学で社会福祉士という国家資格の受験資格を得て、試験を受け（前の年に資格ができた関係でものすごく大変なカリキュラムの中でのことでした）、病院に就職しました。その後、精神保健福祉士の国家資格ができたこともあり、二つの資格を持ってソーシャルワーカーという仕事をしていました（精神保健福祉士については、後で説明します）。

病院には病気やけがをした人が、診断を受けたり治療を求めてやってきます。病院で働く人の多くは医学を学び、病気を治すことを目的に専門的な知識を活用しています。

では、社会福祉を学んだ私がそこにいる意味は何なんだろう、と考えます。

人は困難にぶつかったときに、周りの人に支えられながら、その危機を乗り越えられるようにいろんなことを試してみます。それは、うまくいくときもあれば、そうでないときもあります。つらいことばかり続いたり、「困りごと」があまりに大きすぎて、危機に立ち向かう意欲を失ったりすると「自分にとってより良い状態（well-being）」を求めていこうとする気持ちが失われます。

ソーシャルワーカーはこの危機や「困りごと」が、その人だけの問題ではなく、環境や社会に影響を受けながら起きている、と考えて、環境にも人にも働きかけて問題が解決できるようにします。

たとえば、友達とけんかをしてクラスに居づらくなったとします。そうすると学校に行く、ということが苦痛になります。クラスに居づらいという気持ちは学校という環境での行動や生活から自由や楽しさを奪い、その環境に適応することを難しくします。そうすると、勉強に集中できなくなって成績が下がったり、部活にも参加できなくなっていきます。そうなると、学校に行くということ自体がストレスになってしまいます。自分に自信がなくなって孤立してしまうかもしれません。本当は好きな勉強や部活に向きあうことができなくなり、居場所を失うことにもつながります。

そんなときには、学校に行きづらい気持ちを聞いて、どんなサポートがあれば気持ちが楽になり、その人が自分らしく居られるのかを一緒に考えます。ゴールがどこにあるのか、こちらの価値観だけではなく、相手の思いを聞かせてもらいます。ときには正論をぶつけてしまったり、こちらの思いを押しつけてしまいそうになりますが、そんなことを相手は求めていません。ただただ、思いを吐《は》き出したいだけ、ということもあるでしょう。その思いを受けとめ、尊重したいのです。

同時に学校や社会には課題がないかなと見渡し、そちらに課題があればそこにもアプローチしていきます。人にも環境にも働きかけることにより危機や「困りごと」を解消していく、という考え方です。そして、一人の人とのかかわりから見えてきたことを、活かしていけるように社会に対して発信していくことも大事な仕事になります。

今、世の中には多くの危機や困難があふれています。少子高齢化が加速することによるさまざまな課題、経済状況の変化による貧困の問題、感染症の拡大による生活の変化、自然災害による生活の不安、ジェンダー間の不平等や権利侵害といった問題。それらの問題は人々の生活に格差を生じさせます。その格差が人々を分断させ、偏見や差別を生み出しています。そして、誰の身にもこの危機や困難は起こりうるのです。こうした、いたるところにある危機に向きあうために、ソーシャルワーカーはその活動の場所を広げています。医療機関や行政機関、福祉関係の施設、地域の相談機関をはじめ、学校や企業、刑務所や保護観察所、海外からの移住者への支援などが活動の場としてあげられます。

このように社会福祉の分野では、人が自分にとってより良い状態（well-beiug）で居られるように、個々の人が持つ「困りごと」はもちろん、その人を取り巻く環境に働きかける、ということがソーシャルワークだということを学びます。そのためには、まず、人の暮らしの中で起きるさまざまな「困りごと」を知ることが大切になってきます。病院で出会う患者さんやその家族にとっては、病気やけがという大きな危機、それ自体が「困りごと」であることは間違いありません。ただそれだけではなく、今までの生活の中で抱えていた「困りごと」があらためて見えてくることもあります。病気やけがに向きあうには、そのことにだけ集中できる環境や気持ちがときには必要になります。

病気やけがは突然、当たり前の毎日を変化させます。ずっとずっと続くと思っていた日常がある日を境に失われたり、思いもしない事態が目の前に現れたりするのです。そんなときに冷静に判断したり、優先順位を決めてやるべきことを整理するのは本当に難しいことだと思うのです。

落ち着いて、心配ごとを遠ざけておかなければ、自分自身について考えることに集中することはできません。安全な場で悩んだり、苦しんだりしつつも、必要な情報を手に入れることができるように、サポートを得られるように手伝いをします。治療に専念できるような環境をつくり、支援が必要であればその必要なモノや情報につなぎます。不安な気持ちが解消されなければ、治療だって効果は得にくいでしょうし、二次的な問題も起きてきます。

病気やけがをきっかけに、今まではなんとかやり過ごしてきたことが、問題として姿を現すこともあります。家族のこと、仕事のこと、学校のこと、経済的なこと、これからの生活のこと、たくさんの問題が、アタマを悩ませることになるのです。

その治療に専念できる環境を整えていくことが、ソーシャルワーカーの仕事だと思います。

入院費が気になって治療を受けるタイミングが整わない人には、経済的な負担が少なくなるような制度やサービスがないか、考えていきます。家族のことが心配で、仕事のことが心配で、学校のことが心配で、治療を受けることに躊躇《ちゅうちょ》している人には、心配のもとになっていることを確認し、解決の手立てがないかを考えます。

すべての病気やけがが治るわけではありません。生活をするうえで手伝いが必要になったり、生きていくためには治療を続けていかなければならなくなったりします。病気や障害と一緒に生活していかざるをえないこともあります。そのことを受けとめ、向きあうことができるまでにはたくさんの時間やサポートが必要になります。

生活を支えていくための支援は、まずソーシャルワーカーを信用してもらい、信頼関係をつくることから始まります。今までどんな生活をしてきたのか、これからどんなふうに暮らしていきたいのか。そこにはどんなサポートが必要で、どんな「困りごと」が解消すればよい、と考えているのか。そうしたことを共有できる関係が大事になります。

この一つひとつの関係や、ソーシャルワークの中から考えたこと、患者さんや家族から教えてもらったことから、今の私の活動が生まれています。特に救命救急センターでソーシャルワークをしていたときに患者さんたちから教えてもらったこと。これは大人になって人から悪意をぶつけられたときに、絶望しつつも、「道を拓いて進んでいこう」と思い直すことができるようになったくらい、私自身を支えてくれた大事な羅針盤《らしんばん》になりました。

病院での経験

20年以上も前に、3年近く、同じ人から匿名の電話を、あるときは毎日、あるときは数か月に一度、といった具合に受けていました。「加藤さん居る?」と、重い声で始まる電話でした。自宅に閉じこもり、昼夜逆転の生活をし、日々のストレスを母親に暴力として表現する子ども。そんな子どもを心配し、混乱しながら救いを求めてかけてくる、母親からの電話でした。短いときは5分で終わるし、長くなると30分以上、話は続きました。夫である父親は知らんふりで仕事に没頭し、家庭のことは見向きもしない、周囲には恥ずかしくて相談なんてできるわけがない、だから遠方の見ず知らずの、この病院に電話をした。ここにたどり着くまでに時間もかかったし、傷つきもした。そんな話が毎回、延々と繰り返される中で、この母親はどんな言葉がほしくて彷徨《さまよ》っているのだろうか。毎日毎日、一日中苦しくて、この電話で話しているそのときも苦しいままなのだろうか。そんなふうに母親に思いを寄せれば寄せるほど、私自身も苦しい、そんな電話でした。

言葉が見つからない、頭をフル回転させても。でもどこかで、私はどうやったらこの電話を終わらせることができるだろうか、とも考えていたように思います。本当に失礼な話です。それほど、私自身にとってもつらい経験でした。

今から考えると、この私の思いは、母親に伝わっていたんだろうな、と本当に申し訳なく思います。電話を切っても、いつも気になる親子として頭の片隅《かたすみ》にその存在がありました。名前も知らない、どこに住んでいる人なのかも知らないのに。自分の役割は何なのだろうか、何をこの母親に伝えるべきなのだろうかと、電話が来ない日も考えつづけていました。今振り返ってみても何かできることがあったのか、答えは出ていません。きっと今でも、何もできないかもしれないな、と思ったりもします。

電話でやりとりをした3年の間には変化もありました。地域で活動している保健師と母親がつながることができ、保健師が自宅を訪問してくれたのです。母親を通してつながった社会は子どもにも大きな影響を与えました。数年ぶりに子どもは外の世界と接点を持つことができ、外に出てみようかなとつぶやいたそうです。

段階をへて子どもは自宅近くの病院に受診できるようになっていった、と電話の内容も変わっていきました。母親も徐々に落ち着き、趣味の園芸の話を明るく話すようにもなっていきました。電話の間隔は相変わらず不定期で、母親の気が向くと現状を報告するためにかけてくる、そんな感じでした。深刻な話ばかりでなくなり、正直ほっとして、その存在が頭の中で少し薄くなっていきました。電話の相談からリアルに人とつながることができて良かった、私自身が受けていた電話相談の役割は終わったかな、と思っていました。

気がつくと半年ほど電話が入らなくなっていました。しばらくぶりに受けた母親からの電話で、子どもが自殺してしまった、と知ることになったのです。病気の診断を受け治療が始まったけれど、なかなか自分の病気を受けとめることができず、苦しんで自ら命を絶ってしまった、と。

このとき母親は、「話す相手がいてよかった」と言い、誰にも話せない苦しさを伝えてくれたのです。子どもが亡《な》くなったことを誰にも話せず数か月過ごしていたのです。

そしてその言葉の後に、「ときには休んでもいいのよ。でも長くこの病院に勤めていてほしいの。この病院にあなたが居ることが重要なの。私が生きていくうえでのお守りだから」と話し、電話を切ったのです。

何と返答したのか覚えていないのです。その場面を鮮明に覚えているのだけど、あまりに困惑したのでしょう。今になって考えると、当時私にはこの言葉の意味がよくわかっていなかったのではないかとも思います。

それでも、この体験は今の自分のソーシャルワーク観に大きな影響を与えています。ソーシャルワーカーは何かをしてあげる人ではない。その人が持っている力を最大限、その人自身が活かせるようにかたわらに寄り添うこと、それがソーシャルワーカーとして唯一できることではないかと思うのです。人の持つ力を信じて変化を待つ、変えられないことがあるならば、それを受け入れる準備を一緒にしていく。

でも、寄り添うなんて簡単にできることではない、独《ひと》りよがりに考えてはいけないことだということも教えてもらいました。寄り添っているつもりが相手を傷つけてしまっていることだってあるのです。

うまく物事が回っていれば、ソーシャルワーカーの存在なんてみんなの頭の中からは消えてしまうかもしれません。誰でも、ことがうまくいっているときにはお守りの存在なんて忘れてしまうと思います。忘れるどころか邪魔《じゃま》に思うこともあるでしょう。お守りは、困ったときやつらいときにこそ手にしたり、その存在を思い出し、頼りたくなるものです。

今日もどこかで、誰かがお守りを必要としているかもしれない。ソーシャルワークが、誰かのお守りになることができるといいなぁ、とあらためて思います。

精神保健福祉士として気になること

前にも書いたように、私は精神保健福祉士という資格も持って仕事をしています。

今の世の中はストレスの種《たね》になることも多く、「困りごと」のほとんどは人のこころの問題とつながっているように思います。メンタルヘルスとは、こころの健康状態のことを言います。こころの健康を保つには、身体の健康も保ち、十分な睡眠やバランスのとれた食生活が不可欠で、ストレスともうまく付き合っていくことが大切です。このメンタルヘルスという視点から人の生活上の「困りごと」にアプローチしていくことが、これからはより重要になっていきます。

人は生きていくうえで、いろんな課題と向きあうことになります。ときにはその課題が影響して、生活が成り立たなくなることがあります。そして、人のこころの健康状態にも影響を及ぼします。ストレスが積み重なれば気分が沈んだり、食欲がなくなったり、眠れなくなるなどの変化があります。このような変化は自然なものです。でも、こころの不調が続いてしまうと、自分一人では解消できない「症状」になっていきます。体の病気と違い、こころの不調は自分でも気がつきにくいものです。そのうえ、気がついても相談しづらかったり、受診につながりにくいという側面もあります。

日本では厚生労働省が統計を出しています。その統計からは、精神疾患を持つ総患者数は約419・3万人、おおむね国民の30人に1人が精神科医療を受けているということがわかります（「令和2年患者調査の概況」厚生労働省、2022年）。特にうつ病や、気分障害の患者さんが増え、景気が悪いことによる生活困窮《こんきゅう》、労働環境の悪化、コロナ禍による生活様式の変化等によるストレスの増加が原因となり、メンタルヘルスの課題を持つ人の割合は増えています。日々の生活での出来事やライフサイクル上のイベント（結婚や喪失《そうしつ》体験、進学や就職・家庭内でのイベントや病気や災害など）、生きていくうえでのストレスやつまずきが重なりあい、影響しあい、こころがうまく機能せず、不調となることで精神的に不安定となり精神疾患を持つこともあります。つまり精神疾患は、特別な人にとっての病気ではなく、誰の身にも起こりうる病気ととらえる必要があるということがわかります。そして、ストレスへの対処の方法や、初期に現れる症状や受診のタイミングを多くの人が知ることで、メンタルヘルスの課題の深刻化を防ぐことができるのです。

メンタルヘルスの課題や精神科の病気を身近なものと感じてもらうことで、受診をすることに対する抵抗もなくなります。そんなことを発信していくのがメンタルヘルス領域の精神保健福祉士、ソーシャルワーカーの仕事です。

子ども・若者世代のメンタルヘルスについて考えてみます。特に子どもから大人に移行する思春期は、体が成長するスピードが増します。それに加えて、生活環境も変わります。友人関係や所属する居場所が増えたり、かかわる人が増え、世界が広がる時期です。それにともない周囲との摩擦《まさつ》が生じることもあるでしょうし、周りから与えられた社会的役割に困惑したり、自分自身のあり方に不安を感じることもあるかもしれません。そういう意味では多くのストレスにさらされ、体の成長スピードに気持ちが追いつかず、イライラしたり不安定になったりもします。こういった一つひとつのエピソードがうまく解決されずに、こころにとげが刺さったままのような状況が長く続くと、眠れなかったり食欲がなくなったり、やる気が起きなくなります。自分では気がつかないけれど体がSOSを出している状況です。

目に見えない分、こころの不調は気がつきにくく、体の変化が先に現れることもあります。このときにうまく手当てをしてあげないと、精神的な不調が深刻なものになることもあります。まだまだ精神疾患について誤解があったり偏見があったりするので、医療機関に受診することを躊躇する人も多いのですが、風邪をひいたときには病院へ行くように、しんどいときには病院に行くことも一つの解決策です。精神疾患になると治らないと思っている人も多いのですが、早ければ早いほど治療の効果はありますし、問題を複雑化させずに済みます。

それでも受診の敷居《しきい》が高いと感じるのも事実です。この敷居を低くし、相談を受ける体制をつくっていくこともソーシャルワーカーとしては大事なことだと思っています。そのためには、子どもや若者がごくごく初期に見せるSOSやサインを見落とすことなく支援につなげていくことが必要です。こころの健康状態の変化に気がつかないうちに、無自覚に表れている、このサインをすくい上げ、つらさや変化を共有して症状や現象を改善したり、次の一歩を踏み出せるような環境づくりができたらいいなと思うのです。

メンタルヘルスという言葉自体が、まだまだネガティブにとらえられがちです。メンタルヘルスという言葉は本来、「こころの健康」を表すポジティブな言葉のはずなのです。まずは、メンタルヘルスについて気軽に話ができる空気を作り出さなければいけないですね。

一足飛《いっそくと》びに子どもたちや若者の死にたい気持ちをなくすことはできないけれど、こんがらがった糸をほどいていくには、まずこころの不調に気がつくことができるように、たくさんの人がたくさんのアンテナを張りめぐらすことができるような生活の場をつくりたいのです。

2 「自殺」について思うこと

こんなふうに仕事をしてきた私が、ここでは「自殺」について考えてみます。

まず、最初に、「自殺」について思うことを書いてみます。

救命救急センターに運ばれてきた自殺未遂の患者さんたちに会い、最初に言われるのが、「勝手に助けておいて」「誰も頼んでいないのに」迷惑だ、というネガティブな言葉でした。ソーシャルワーカーの仕事について説明し、自己紹介をすると、「人の希望を聞いて支援するのが仕事なら、死ぬことを邪魔しないでほしい」とか、「死にたい気持ちは無視するの？」とも言われました。

一人ひとりの意思を尊重し、自分の生き方は自分で決めることができるように、足りないものを補い、邪魔なものをなくすことができるように、サポートしていくことがソーシャルワークであると思っています。バイステックという人が7つの原則を残してくれています（後で詳しく説明します）。

この中には一人ひとり異なる人間として対応しましょうとか、感情や態度をあるがままに受け入れ、人や事柄について先入観を持って否定してはいけないと受容・共感・傾聴《けいちょう》の大切さが書かれています。また、ソーシャルワーカーが良し悪しを判断するのではなく、その行為の背景を理解して中立的な態度で対応することの大切さも書かれています。そして、自己決定の原則も基本的な姿勢としてあげられています。

このソーシャルワークの原則は、私たちソーシャルワーカーにとっての大きな後ろ盾になっています。

何をしても最終的には死を選ぶ人もいます。防ぐことのできなかった「自殺」もあります。「自殺」を責めるつもりはないし、それほどの苦しい思いを否定するつもりもありません。でも個人的な思いになりますが、私は「生きる」ことを前提として人と出会い、ソーシャルワークを活用したいと考えています。「生きる」ことを前向きにとらえることができるように、ほんの些細《ささい》なきっかけでもいいから作り出すことができたら、と思うのです。

そういう意味から、自殺を防ぎたいのです。生きることを選択してもらえるように働きかけたいのです。

統計では見えない自殺の理由

では、世の中的には「自殺」はどんなふうに受けとめられているのでしょうか。少し数字を見ていきましょう。

厚生労働省の統計では近年自殺者数は全体として減少してきています。とはいえ、年間2万人を超える人が自殺により亡くなっています。つまり、1日平均56人前後の人が自殺を理由として亡くなっていることになります。

ＮＰＯ法人自殺対策支援センターライフリンクの「自殺実態白書２０１３」には、自殺した若年女性（10～20代）のうち、67％に自殺未遂歴があったというデータもあります。また同白書によれば、70％の人が亡くなる前に行政や医療等の専門機関に相談し、「生きよう」としていたという実態も見えてきます。小中高生の自殺者数は増加傾向が続き、２０２０年に過去最高となり、２０２２年には５１４人と、１９８０年に統計を開始してから初めて５００人を超え、過去最多を更新しています。

日本財団の調査（「第3回自殺意識調査結果報告書」２０１９年）では、18歳から22歳の若者世代に補充調査をしています。この中のデータでは、死にたいと思い、自殺について思いをめぐらせた経験がある、と答えた人は30％（男性26％、女性34％）、自殺未遂の経験がある人は11％（男性9％、女性13％）となっています。死にたいと思い、自殺について考えたとき、その原因の4分の1に「いじめ」があげられています。

子どもや若者の自殺は他の年代に比べて、「遺書」とわかるものが残されていないことが多い、と言われています。そのため、なぜ死を選んだのか、その原因が特定できません。だから、いろんな統計を見ても、原因がつかめないのです。

もちろん、自殺の原因は一つではなく、たくさんの事柄が要因となり「自殺を考える」状況を作り出し、たまたまわかりやすい「きっかけ」が直接の原因となって、あたかも自殺が突然起こったように周囲の人には見えてしまうのです。つい、私たちはこの「きっかけ」にばかり目が行ってしまうのですが、「自殺を考える」状況が長ければ長いだけ本当の理由は見えにくくなるような気がします。

報道で子どもの自殺が伝えられるたびに不安になります。「自殺」が「困りごと」を解決する身近な手段であると受けとめられたら困るな、と思うからです。そんな気持ちを次に書いていきます。

「自殺は、その多くが追い込まれた末の死である」ということを考えてみる

子どもや若者の自殺が増えている、という報道に触れることが多くなりました。子どもの数は減ってきている、というのにです。報道が耳に入れば入るほど、子どもたちや若者にとって、「自殺」や「死にたい気持ち」が身近に感じられるようになり、恐怖を飛び越えるきっかけになりそうで、私は不安になります。

２０２２年「自殺総合対策大綱」では、「誰も自殺に追い込まれることのない社会の実現を目指す」ことを自殺総合対策の基本理念として掲げています。自殺は、現象としての「自死」

ではなく、命を絶たざるをえない状況に追い込まれる、社会や周囲の支援によって防ぐことのできる社会的課題である、とも書かれています。

であるならば、なぜ子どもや若者が社会によって守られず、追いつめられた末の死を選ばなければならないのだろうか、とつい腹立たしく思ってしまうのです。そんなふうに追いつめられる気持ちを聞かせてほしい、と思うのと同時に、そんなふうに追いつめてしまう社会って何なのだろうと、考えてしまいます。余裕のない社会、気持ちを吐き出すことのできない社会というものを変えていくことがソーシャルワーカーの役割だ、とするならば、何ができるのだろうか、と問いつづけています。

自殺に「準備期間」があるならば……

もう一つのデータからはこんなことも考えます。

文部科学省が発表する資料には「児童生徒の問題行動・不登校等生徒指導上の諸課題に関する調査」というものがあります。そこには、自殺した児童生徒に関する調査項目があります。自殺の理由は不明とするものが多いものの、友人関係（いじめは除く）、父母からの叱責、家庭不和、進路問題の項目が高くなっています。断片的な項目でこれだけでは自殺の背景は見えてきません。なぜ追いつめられたのか、という肝心なところが見えてこないのです。

子どもの側の理由だけではないはずなのに、という思いも湧きます。自殺にはそもそも複数の要因があり、それぞれが連鎖し影響しあって、その結果自殺という行動につながっていると言えます。行きつ戻りつする死への思いの中で、生活が営まれ、今を生きることに苦しんでいる姿が見えてきます。「死にたい」という気持ちを強めたり、生きることに大きく希望を託してみたり、振り子のように揺れながら、生きているその最中で、自殺が選択され、実行されています。ある特別な人にだけ、ある日突然起こることではなく、誰の身にも起こりうることなのです。

自殺には準備期間があると言われています。死にたいと思うときから実際に自殺にいたるまでには、それぞれ期間は異なりますが、ある一定の時間が存在するということです。消えたいといううっすらとした死への思いが、強く自殺に傾いていくこの時間を、どんなふうに過ごしているのか、気になるのです。

生活している中で、「困りごと」が解決されることなく積み上げられ、耐えきれなくなったこころが「もう死ぬしかない」と追いつめられ、身動きがとれなくなっているのですが、それでもどこかで死ぬことは怖いと感じるものです。怖い思いを自傷行為や過量服薬で紛《まぎ》らわせている場合もあります。その行為を積み重ねることで死への恐怖が和《やわ》らいだり、死への親和性が高くなっていく、そのプロセスに触れることができたら、と思うのです。追い込まれる負荷になるものが何なのか知り、少なくとも追い込まれる状況さえつくらなければ、子どもたちや若者のこころを救うことができるのかもしれない、とつい考えてしまいます。

つまり「自殺を考える」状況において、子どもたちや若者が孤立感や怒りや、自分や世の中に対する思い込みが視野狭窄《しやきょうさく》を起こし、自殺しか考えられない状況を作り出しているのであれば、その背景を探り、自殺のリスクを見極める必要性があります。大人自身も余裕のないストレスフルな状況の中で生きています。大人の余裕のなさが、社会や地域をギスギスさせ、若者や子どもたちを追いつめているのであれば、まずは大人が余裕を持てる環境整備が必要になります。

バイステックの7原則を柔らかく考えると

前に書いた、バイステックの7原則とは、アメリカの社会福祉学者であるフェリックス・ポール・バイステックが、『ケースワークの原則』という本の中で書いた、支援者として気をつけるべき原則、心がまえのことです。この原則を少し、柔らかく書いてみました。

①個別化の原則

偏見や先入観を持たずに、「一人の人」としてその人を知ろうとすること。人が抱える「困りごと」はそれぞれで一人ひとり違い、「同じ問題は存在しない」ということ。自分自身にバイアスが生まれていないか、自己点検が大事です。

②意図的な感情表現の原則

相手が自由に気持ちを言葉にできるようにサポートすること。マイナスの気持ちも安心して話すことができるように、信頼関係をつくること。こちらがそう思っていることが相手に伝わることが重要です。

③統制された情緒的関与の原則

自分の感情をコントロールして支援を行うこと。必要以上に相手の気持ちに引っ張られて支援を組み立てないように注意すること。まずは自分の気持ちを自覚することが大切になります。

④受容の原則

考えや思い、個性などをありのまま受け入れ、理解しようとすること。信頼関係を築くことができるように、対話を進めたい、と思っていることが伝わるように働きかけることがポイントです。

⑤非審判的態度の原則

相手の行動や考えを、自分の基準で判断して、良いとか悪いとかジャッジしないこと。次の自己決定の原則にもつながりますが、良いとか悪いとかも、本人の判断が何より優先されるべきなのです。

⑥自己決定の原則

何かを決めるときには、本人の考えや思いをぬきに決めないこと。自分自身で決めることをサポートすること。自己決定は突き放すこととは違います。自己決定ができるように環境を整えたり、必要な情報を渡したうえで自己決定が可能かどうかを考えます。状況によって判断できない場合は、サポートをします。

⑦秘密保持の原則

相談を受けたときや、活動をしているうえで知りえたことについて秘密を守ること。秘密を最優先した結果、相手が何かリスクを負うようになるのであれば、それも含めてどうするのが良いのか一緒に考えます。あくまでも、相手が不利益をこうむらないように情報を保護することが秘密保持になります。

3 死にたい気持ちに触れるということ

人は死を避けることはできません。どの人にも必ず死は訪れます。たわいもない話を子どもたちとする中で、若者たちから相談として話を受ける中で、漠然とではあるけれど「死にたい」という気持ちに触れることがあります。直接的に「死にたい」「消えてなくなりたい」「もう終わりにしたい」という言葉で聞かせてくれる場面もあります。間接的に「死にたい気持ち」の周りをぐるぐると、ためらいを伝えてくれる場面もあります。「今度こそ、うまくやらなきゃって思ってる」「弱い自分は許せないんだよね」という言葉の後ろにある「死にたい気持ち」に触れることもあります。お互いが探り探りで言葉を選びます。触れることを怖い、と感じるのはお互いの素直な反応なんだと思います。あまりに過剰に反応されるのも嫌だし、反応がなさすぎて、なかったことみたいに流されてしまうことはもっと怖いのです。だからこそ、死にたいほどつらい気持ちこそオープンに話せる環境や関係が大事になります。

ここからは、ソーシャルワーカーという仕事をしてきたからこそ、伝えたいなぁという気持ちを書いていきたいと思います。説教臭くならないように、苦しいときの自分をなぞりながら、備忘録《びぼうろく》として書いていきます。そして、大人はこんなことを考えているんだな、と知ってもらうために。

気持ちの揺れを理解する

振り子を見たことがありますか？

定点を中心にして一定周期で左右に揺れる球の動きを不思議だなと思い、見入ったことがあります。右側に振れたら、同じ振れ幅で左に振れる。振れ幅が大きければ大きいほど反対側にも勢いよく飛び出していく。あるところでピタッと止まる。止まると微動だにしなくなる。潔《いさぎよ》いなぁとほれぼれしてしまいます。振り子を見ていると、気分が落ち込み、大きくかがみこんだ分だけ、反対側に大きくジャンプができるような気がしていました。


高校生になったばかりの彼女と出会ったのは救急外来の受付でした。

連日自分を傷つけては受診している子が居るから話を聞いてほしい、と医師からの依頼を受けての出会いでした。大人びた硬い表情で、「大人なんか信じない」という空気感を全身にまとっているような子でした。昼ご飯用にと母親から持たされるお金で薬を買ったり、自分でつくった傷をSNSにアップしていることを、好きなアーティストの話やゲームの話に混ぜながら話してくれました。

彼女にとっては、絵を見たり音楽を聴くことの延長線上に、「自傷行為」がありました。エスカレートして、でもやめられないから、救急外来に来ている、と説明してくれました。自分でも混乱して不安になっているのかもしれないなと、強気な姿の後ろ側に彼女の困り感が透けて見えるようでした。考えすぎかもしれないけれど、病院に来る口実に傷をつくっているような様子も見られました。そんなふうに感じた私は、傷がなくてもつらいときには話を聞くことを伝えました。

帰り際、彼女が言ったのは、「手首、見せて」でした。不思議に思いながらも言われたとおりに見せると、「なんだ、やってないんだ」と、初めて笑顔を見せてくれたのです。

それからは、本当に途方《とほう》に暮れる感じでした。相談室のドアを開けると傷をつくって立ちすくむ彼女が居たり、病院のソファで薬を飲んで寝入っていたり、何度も何度も驚かされました。

「20歳の誕生日は迎えないから」が彼女の口癖でした。

驚きの連続ではありましたが、いろんな話をしました。たくさんのことを教えてもらいました。家族のこと、趣味のこと、学校のこと、大人への不満……。「なんで大人になってまで生きてるの?」という問いにどう答えたらいいのかわからず、宿題にしてもらいました。その問いにどう答えようかずっと考えているうちに、時間がたち、気がつくと彼女の受診が途絶えていました。

その間のことは少し省《はぶ》きますが、5年後に再会することになったのです。子どもを抱いた彼女と。言葉が出ないくらい驚いていると、見たことがないような笑顔で、何が起きたのか説明してくれました。妊娠、結婚して遠方に住むことになったこと。病院から遠くなり、なかなか受診できなくなること、母親になること、この二つの理由で自分を傷つけることはやめたということ。「だって、続けてたら変でしょ」「やりきったしね」と屈託《くったく》なく笑う姿に、自分なりの答えが出せるってすごい力だなと感心しました。

振り子のように大きく遠くまではじけて飛んでいってしまわないと、振り子は大きく戻ってこない。失敗したり、つらかったことと同じだけの振り幅で、成功や安心を約束してくれる、そんなふうに思わせてくれる経験でした。

子どものころの自分を振り返ると、アンビバレント（相反する感情や考えを同時に持つこと）な思いにいつも振り回されていたような気がします。親に怒られて納得いかない、と憤《いきどお》りを感じつつも、わかってほしいとか、歩み寄りたいと思い、もやもやしたことがありました。勉強はしたくない、学校にも行きたくない、と思いつつ、「やっぱり、行っておいたほうがいいのかな」「勉強もしないと何か困ることがあるのかな」「行かないと怒られるのかな」といったことを行きつ戻りつしながら考えていました。

気持ちの揺れを自覚すると本当に疲れます。自分で自分の気持ちに振り回される感じ。自分の気持ちを穏《おだ》やかに保つには、揺れを止めて、どちらか一方に気持ちをとどめておいたほうが楽です。そうやって自分の気持ちに折りあいをつけながら、人はうまく毎日を過ごしているのでしょう。多少のしんどい思いをしながらもアンビバレントな気持ちをコントロールして、現実の課題と向きあって「適応」していければいいけれど、そんな簡単に「適応」できることばかりとは限りません。

大きく揺れて振りきったら、次は反対側に大きく飛び出すチャンスなのだと思えるといいなと、振り子を見ながら考えます。そして、振り子は振れ幅がだんだん小さくなってあるときが来ると、ぴたりと止まります。重力を感じ、エネルギーがなくなり球がすっと止まる様子は、この揺れもずっと永久には続かないことを教えてくれます。止まっている球も、次に動き出すためのエネルギーを蓄《たくわ》えつつ、次に動き出すときを待っているんだなと思うと、なんだか自分の気持ちの動きと重なります。

自殺を防ぐためのＴＡＬＫの原則

自殺予防対策として、身近な人の「死にたい」に気がつき、自殺を防ぐ「ゲートキーパー」という役割があります。ゲートキーパーがその役割を果たすために、ＴＡＬＫの原則というものがあります。

Tell: 心配していることを伝える
Ask:「死にたい」という気持ちの有無について率直に尋ねる
Listen:「死にたいほどつらい」相手の気持ちを聞く
Keep safe: 安全を確保する

経験があまりないころ、「死にたい」気持ちに触れそうになると、なんとか話を変えて、ごまかしてしまっていたことがあります。「死にたい」気持ちに向きあうことが怖かったから逃げたかったのかもしれません。話題にしてしまうことで、背中を押してしまうのではないかと思っていたことも事実です。

今から考えると、本当に失礼なことをしていました。せっかく話してもらえる機会を用意してくれていたのに、私が台無しにしていたのです。「困りごと」を抱える人にとって、こういった体験が、話すことをあきらめ、人を信用できなくしていくのです。

そんな私でしたが、研修に出たり、本を読んで知識を得て、少しだけ落ち着いて話を聞くことができるようになってきました。知る、ということは本当に大切です。

「死にたい気持ち」について話をしようとしてくれる人たちは、相手の反応に本当に敏感です。話すことで、自分が傷つくことを予測してしまい、怖いから、敏感にならざるをえません。後で書いていきますが、私自身もつらい立場になって、友人に話を聞いてもらうときに、言葉の端々に友人の気持ちが透けて見えるのを感じました。それまで感じたことのない感覚です。それほど、自分が相手の反応に過敏になっていることを自覚して驚いたことを覚えています。「相談されて困ってしまっている」「どうやってこの話を終わらせようか、と考えているみたい」とか、そんな様子が伝わってくるのです。もしかしたら考えすぎで、そんなことは考えていないかもしれません。でも、思い込んでしまうのです。その思い込みは、確信になっていきます。そうすると、もういたたまれないわけです。「だいじょうぶです、聞いてくれてありがとう」と言って、話を終えるしかありません。

自分がつらい体験をして初めて、相談をする苦しさがわかったのです。何年もソーシャルワーカーとして仕事をしてきて、ときすでに遅し、ですが。

「死にたい気持ち」を感じはじめている人に対しては、「死にたい気持ち」に傾かないように気をつけつつも、「死にたい気持ち」に直接触れさせてもらうことが大事なのだと思います。安全を確保しながら、「死にたい気持ち」の裏側にどんな思いがあるのか、何があれば、あるいは何がなければ「死にたい気持ち」から目をそらすことができるのか、そんなことをあえて話題に載せます。

とても勇気がいることですが、そんな覚悟を持ちながら「聴く」ことに集中したいのです。話したいことを話すチャンスを得るというのは、なかなか難しいことです。

後から考えると、なんでこの話になったのかな？　と思うときがあります。特に子どもたちは遊びながら、ふっと不安やつらいことを言葉にしてくれます。

相手とチャンネルやタイミングが合い、安全な場も確保されている。多くは「今日この話をしよう」と思って話すわけではなく、なんとなく気持ちがこぼれ出た、それがうまくすくい上げられた、という感じ。そうした一瞬がスタートになっているような気がします。だからこそ、普段から気持ちを話してもだいじょうぶ、と思える場や関係が必要なんだと思います。

嫌な気持ちのやり過ごし方

「死にたい気持ち」を抱える人と出会い、話を聞き、そして自分自身が苦しい思いを経験して思うことがあります。今の自分だから伝えられることは何だろうか、そういつも考えます。

苦しい思いをしたのは、「困りごと」が自分に大きな影響を与えはじめた、と感じたときのことです。

私自身は、最近まで、思いもよらない悪意を人からぶつけられる経験というものをしたことがありませんでした。そう言うと、人からは幸せな人生だったんだねと、少し嫌味《いやみ》を言われたりもするのですが。もちろん、学生時代にひどく怒られたり、友達とけんかをして何日も口をきかなかったり、仕事をしていて意見がぶつかり気まずい思いをしたことは何度もあります。考え方の違いから言いあいになり、悔し涙を流したこともあります。でもそれらは、そうなる理由や原因が自分なりに見えていて、少々腑《ふ》に落ちないことがあるにせよ、自分としても納得してその状況を受けとめ、向きあった結果でした。

けれど、青天の霹靂《へきれき》、ある日降って湧いたような、自分にとっての事件。正しいと信じ、周囲の理解も得ながら進めていたつもりだったし、少なくとも自分の利益や名誉のためにしていたわけではない、と思っていた仕事に対する評価が、１８０度変わって足元をすくわれてしまった、そんな「事件」に出くわしてしまったのです。それまで、その仕事の中身を評価し応援してくれていた人たちの態度が、手のひらを返したように変わってしまったのです。

そこから向けられた、理由のわからない悪意。最初は戸惑いしかありませんでした。そして、そのときに同じ出来事を違う立場から見るとまるで違うとらえ方になるのだ、ということを初めて実感しました。

厄介《やっかい》なのは、双方が見ていることこそがそれぞれにとって「事実」だと思い行動していることとでした。そして、一方には力があり伝える声も大きいことで、私は大きなダメージを受けたのです。一方の一言は「事実」としてすんなり周囲に受け入れられるのに、立場が弱い私の声は届かないばかりか、簡単に声をあげることもできない状況になるのだということを、身をもって体験しました。

自分自身、何が悪かったのかと思い悩んだり、周囲の人を信じることができなくて、わざと連絡を絶ったり、距離をとって、人を遠ざけたりするようになりました。人との間に壁をつくり、自己嫌悪《じこけんお》に陥《おちい》り、疑心暗鬼《ぎしんあんき》になると、「困りごと」は、自分の中の自信や信念を崩し、恐怖を植えつけていきます。こうなると周囲も異変に気がつき、明らかに加担はしないものの、見ないふり、知らないふりをして、かかわること・考えることをやめる人も出てきます。「かかわらない」という態度も、ときには必要なのかもしれません。ただ、渦中《かちゅう》に居ると、その「かかわらない」という態度の存在自体が、脅威となり人間不信につながっていきます。なんだか、いじめの構図に似てきます。

そんな中で、私自身が救われたのは、ただただ信じて話を聞いてくれる人たちの存在と、力をくれる言葉の数々、安心や安全を提供してくれる居場所がいくつもあったことでした。

この体験から、嫌なこと、つらい時間をどうやり過ごしていくのがいいのか、初めて意識して考えたような気がします。

そして、今まで、いろんな相談を受けてきたけれど、悪意にさらされた人の苦しみが本当のところ理解できていなかったなと反省しました。どんなに苦しいか、どんなふうに自分を嫌いになっていくのか、なぜ人を遠ざけようとしてしまうのか。反省しながら、この経験を活かしてソーシャルワークをしていくことが自分を保つ唯一の方法だと考えたのです。「困りごと」や悪意から少し距離をとって冷静に考えることで、私は自分を鼓舞していました。この体験が、今、同じように苦しさを感じている人たちに何かヒントを手渡すことができたらうれしいです。風向きが急に変わって苦しくなったように、いつかまた風向きが変わることもある。そのときまで自分を守り、しのいでいくことができるように、言葉や気持ちを整理していきます。

「死にたい」気持ちの裏側

「死にたい」という気持ちの裏側にはつらい状況から逃げたいとか、今のトラブルを終わらせたい、苦しい気持ちから解放されたいという思いが見えてきます。「死にたい」から死ぬのではないと思うのです。生きることが苦しいのです。本当は死にたくない、生きていきたいという気持ちを強く感じます。

この思いにとらわれると、問題への取り組み方を柔軟に考えたり、方向転換したり、一度頭の中から問題をなくしてみる、ということができなくなります。出来事や現象が、自分の評価を落とし、無力感を抱かせ、逃げ出すには「死ぬ」しかないと視野がぐんと狭くなり、気持ちに余裕がなくなるので、ほかの人の声も耳に届きません。考え方やモノの見方が極端になってしまっているので、些細なことも決定的なダメージになります。

既読がついたまま返信のないLINEや、友達同士の楽しそうな笑い声が、疎外感を感じさせ、孤立感につながり、このつらさや悲しい気持ちが永遠に続くように思い込んでしまうのです。

自殺はさまざまな要因が重なり、いろんなエピソードが気持ちに刺さった結果生じます。一度も死にたいと思わなかった人が、急に思い立って今日「死のう」ということはなかなかなさそうです。「死にたい」気持ちに傾き、追いつめられていく時間が長ければ長いほど、なぜ「死」を選択したくなるのか周りの人には見えにくくなります。

落ち込んで、もう駄目だと思っているときに、渡ろうとした信号がタイミング悪く赤になった、乗ろうとしていた電車に乗り遅れてしまった、行きたかったお店が臨時休業だった。結果、仕事や学校に遅れて怒られた、ご飯を食べ損ねた。そんな些細なことで、世界が自分を拒絶しているように思えたり、自分の存在が大事にされていないような感覚に陥ります。あとから落ち着いて考えれば、自分の価値とは関係もないし、そのこと自体が持つ意味なんて何もなくて、こじつけて考えること自体ありえないと思えるのです。でも、間違いなく「そのとき」はそんなふうに感じてしまうのです。そういった感じ方は周りの人には見えないし、理解しづらいことです。

勇気を出して話したときに、「気にしすぎじゃない?」とか、「そんなふうに考えないで元気出そうよ」なんて言われてしまうと、次の言葉を飲み込んでしまいます。「やっぱり自分が間違っているんだ」と、こころは閉ざされていきます。現実はどうであれ、そう感じて受けとめてしまう。

「そんなふうに考えるのね。もう少し詳しく教えて」。そうした言葉で、気持ちを語らせてほしいと思います。評価したり、アドバイスをもらいたいわけではなく、語ることで気持ちの浄化をまずはしたいのです。「死にたい」という気持ちの裏側にどんな問題があるのか、そこを聞かせてもらう機会が持てたらいいなぁと思います。「死にたい」気持ちにコーティングされている問題はなかなか見えてきません。当の本人にも自覚がないかもしれないですし。まずは、「死にたい」気持ちの正体を探り当てていく作業を一緒にできたらいいのかなと思います。

ゲートキーパーになってしまおう

自分の思いや経験を活かすことができる方法ってないかな、と考えることがあります。経験がなければ理解できない、とは思わないのだけれど、経験してみて初めて気がつく、ということも多いのです。すべての経験をすることは不可能だから、自分の経験から、人の思いや感覚をイメージする力が持てるといいなと思います。

ゲートキーパーを養成するための研修をすることがあります。ゲートキーパーは、地域や生活の場において、死にたい気持ちやサインに気づき、必要な支援につなぎ、自殺を防ごうという試みを担う人のことです。「命の門番」と言われるゲートキーパーには、専門職だけでなく、あらゆる人がなることができます。

この研修に参加してくれる多くの人は、死にたいという気持ちを持ったことがない人です。だからこそ「困りごと」を抱えた人がどんな思いで過ごしているのかを知り、その人その人ができることを考えていく、そんなことを研修の中で話します。

今までに経験してうまくいかなかったこと、こんなことができたらよかったなということを、これからに活かせるように考えをまとめていきます。

世の中には間違った情報もたくさんあります。「死にたい」と口にする人は実際に死ぬことはない、とか、「自殺」について話をすることは死にたい気持ちの後押しをしてしまうからやめたほうがいいとか、そんなことが、いまだに人の口にのぼることがあります。そういう間違った情報によって、相手を傷つけてしまったり、せっかく伝えてくれたサインを見逃すことになるのです。

リストカットの痕《あと》を見ないふりをしてしまったり、薬の空き箱の存在に気がつかないふりをしてしまう。中途半端にかかわることは良くないと思っている人もいるのです。死にたいほど苦しい気持ちを理解して、サインを手渡してくれるようにチューニングすることができるのは、残念だけれど、ごくわずかな人のように思えます。

そして、後からわかるサインの意味を前にして、その思いに触れられなかったことを後悔してしまうのです。どうしたらいいのか正解やHOW TOはありません。ただ、そのことから目をそらさずに、声をかけ話をする機会が持てるように配慮すること、必要な場合には相談窓口や医療機関につなげることができるように知識を持つことが大事になります。だからこそ、そういうチャンネルを合わせられる人を増やしていかなければいけません。多くの人に、実情や背景を発信していくことと同時に、自分自身もできることを増やしていこうと思います。

ゲートキーパーとして活動するときにこころにとどめておきたいのが、前に書いた、TALKの原則です。死にたいくらいつらい気持ちを受けとめるためのプロセスです。TALKは

Tell（心配していることを言葉にして伝える）、Ask（死にたいという気持ちの有無について尋ねる）、Listen（死にたいほどつらい気持ちを聞く）、Keep safe（安全を確保する）の頭文字をとったものです。自分自身がつらくなったときに、安全を確保して、つらい気持ちを吐き出せる相手を見つけるのはそうたやすいことではありませんでした。簡単に吐き出せない、そんな感覚がわかるからこそ、Tell（心配していることを言葉にして伝える）が可能になってくるのだと思います。

苦しさがわかる人ほどチャンネルが合います。ほどよく距離をとることや知識を得ることで、自分に負担をかけないようにすることを学ぶ必要もあります。そのうえで、自分の経験を活かすことを考えていけるといいなと思います。

4 「困りごと」に向きあってみる

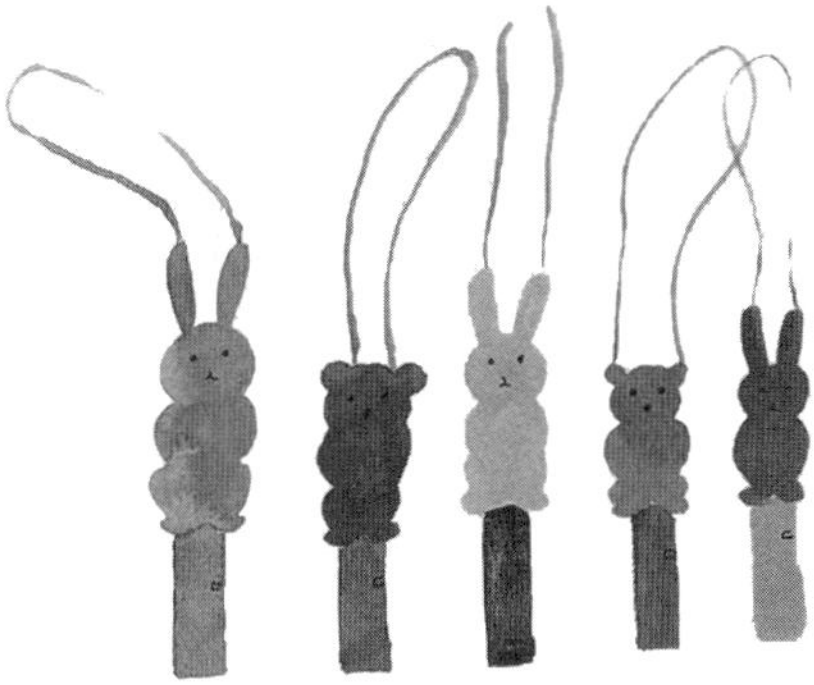

「困りごと」の正体

病院で出会った子どもたちは、自分自身に「困りごと」のラベルを貼って病院に居る私たちの前に登場してくれました。不登校だったり、ヤングケアラーだったり、非行やメンタルヘルスの問題だったり、身体的な不調だったり、ときには自殺未遂というラベルを貼って。

そうすると支援する私たちは、問題は貼られているラベルだと考えて、ラベルにあった支援をしようとその手立てを考えます。でも、子どもたちは本当にそのラベルに困って私たちの前に現れるのでしょうか？

ときに子どもたちは、家族や所属する組織（学校や居場所）の中でバランスを保つために、犠牲や代償を払いながらなんとか存在している、ということがあります。クラスの均衡《きんこう》を保つためにいじめの標的にならざるをえない、家族がうまく回るためには家事を一手に引き受けて自分の時間を提供せざるをえない。家族や組織の中で生ずるゆがみは、弱いところに向かいます。その犠牲や代償を長い間背負わなければいけない状況が続けば、精神や体調を崩し、生活するうえでの問題を抱えることになりかねません。

そう考えると、子どもたちが見せるラベルは、その犠牲や代償の形なのかもしれません。不登校の背景には家族の不和やＤＶ（ドメスティック・バイオレンス）が見えてくることもあります（必ずではありませんが）。閉ざされた家庭や組織の中で、そのルールに沿って生きていかなければならないとき、生き延びるためには、こころを閉ざし、耐えていかなければいけません。そんな苦しさをSOSとして表現する術《すべ》が、子どもたちが自分に貼るラベルなのだと思うのです。

だから「困った子ども」が登場したときに、その「困りごと」がなぜ生じるのか、その「困りごと」があることで保たれている秩序が何であるのかを見ようとする視点が、支援をする私たちには必要になります。

ヤングケアラーと言われている子どもであっても、親から言われて家族の支援をしている子どもはひと握りだと思うのです。子どもたちは、親たちが困っている様子を間近で見ています。親は子どもたちに何があったか言わないとしても、言わなければ言わないほど、子どもたちは異変を感じて、親には聞いてはいけないことだけど、「大変なことが起きているのかもしれない」と子どもなりに状況を解釈します。そしてそんな中で、自分自身ができることは何なのかなと考えます。子ども自身が大切な家族を守りたい、その一心で考えぬいた結果、自分で見つけた役割を果たそうとするのです。その姿がはたから見ると、「ヤングケアラー」になるということなのです。

つまり、子どもたちは自発的に、あるいは意図的ではなく、ヤングケアラーになっている可能性があるわけです。だから相談や支援につながりにくいのです。ラベルにばかり支援者の目が向いてしまうと、その子に何が起きているのかが目に入ってきません。そんなふうに、こちらの誤った見立てで支援されることによって、子どもたちは傷つけられているのです。

子どもたち自身がラベルの背景にある「困りごと」に気がつき支援を求めることと、他者からラベルに貼られた「困りごと」を指摘されて支援につながることは、まったく意味が違うことです。目に見えない「困りごと」の正体を突き止めていくことも、ソーシャルワーカーには必要な視点なのです。

自分の気持ちを語るということ

何でも話していい、話すことで子どもたちは自信を持つことにつながるのだと、ずっと思っていました。私自身、話すことで気持ちの整理ができたり、感情を浄化することができる、と思ってきました。

自分の気持ちを知って、コミュニケーションをとることで、自分と他者との違いを知ったり、他者を受け入れることができるのではないか、とも。そもそもコミュニケーションは言葉をうまく使いやりとりをする、ということではなくて、人とかかわることの心地よさを感じる入り口なのだと思っています。共感や気づきを獲得することで、人とかかわることに心地よさを感じ、暴力や支配に頼ることなく、何か「困りごと」や諍いが生じたときに話し合いで解決できるようになるのだというふうに。

地域の居場所でも、自分の気持ちを言語化して、いろんな気持ちがあることを知る、安心して人に話す、こんな経験を子どもたちには重ねてほしいなと思って活動を始めました（第5章でお話しします）。でもコミュニケーションの心地よさは、自分の気持ちを話し、「良い体験」を積み重ねていき、初めて得られる感覚だということを、子どもたちとの付き合いの中で気がつくことになりました。

生まれたばかりの赤ちゃんは言葉を持ちません。嫌だな、怖いな、不快だなということが起きると泣いて周りの大人に知らせます。大人たちは、赤ちゃんの顔をのぞき込んで何が原因で泣いているのかな、と声をかけます。ミルクをあげたり、おむつを替えたり、スキンシップをとったりして、赤ちゃんの不機嫌《ふきげん》の原因を探ります。赤ちゃんが泣きやんで心地よさそうにすると、その状況を見てまた声をかけます。「おむつを替えて気持ちよくなったね」「ミルク、おいしかったね」「おなかいっぱいだね」「怖かったの？　だいじょうぶだよ」と。そしてその言葉や大人の表情と、改善された自分の気持ちをつなぎ合わせていくのです。そうやって言葉と気持ちを一致させていくのだろうなと思うのです。これは大きくなっても繰り返されることです。そうして自分の気持ちに気がついたり、その気持ちを、言葉にして表すことができるようになるのです。

こうした体験が少なければ、話すこと、気持ちを伝えることが難しくなります。気持ちを表す言葉をたくさん手に入れて、自分の中に湧いてくる感情を知るきっかけすら持てなくなります。

暴力の連鎖が問題になることがあります。連鎖をすることが前提ではないけれど、どうしても暴力を振るう人に近づいてしまう。暴力はいけないと思いつつ、暴力を止められないということがあります。それはさかのぼってみれば、子ども時代に暴力が身近なものだったのかもしれません。暴力が存在する家庭の中では暴力で表現される感情が一番わかりやすく、コミュニケーションに暴力を取り入れたり、暴力を引き出すコミュニケーションを自然と身に着けることがあります。無視されたり、毎日変化する無意味なルールに身動きがとれなくなるよりは、暴力のほうがずっとわかりやすいコミュニケーションツールになってしまうのです。

自分の気持ちを語ることは難しいことです。だから、小さなことからでかまいません。まずは、言葉と気持ちをつなげてみる体験を意識的にしてみましょう。こころはいろんなことを感じているはずです。

人が人に期待するということ

人からどう見られているのか、気になることがあります。自分が思う自分と、ほかの人が持つ自分のイメージがずいぶん違っていて、驚いたことがあります。私は病院に長く勤めていたので、そのころを知っている人は私を「さん」づけで呼びますが、教員になってから出会った人は私を「先生」と呼びます。私自身は何も変わっていないのにな、と思うけれど、周りの人からすると同じではないらしいのです。

病院時代に期待されていた役割と、今はまた違うのだろうなとも思います。期待をされれば、その期待に応えたいとも思うし、期待外れだなと思われないように振る舞わなければ……と、無理をしてしまうようなところもあります。

学生時代、自分ではそんなつもりはまったくないのに委員会の委員長をさせられそうになったことがありました。委員会活動を楽しんでいたし、担当の教師からしたら、やらせてみたいと思ったのかもしれません。同じ委員会を何年か経験し、最高学年になり、委員会の役割を次の代に引き継いでほしい、今までの活動を委員長に集約したら内申書にも太鼓判を押せるし……そんなやりとりをした記憶があります。

期待されていることは、ありがたいと思いつつも、そんなことを押しつけないでほしいと反発する気持ちもありました。そんなふうに押しつけられたのでは、がんばれないと思ったのです。今になって、そのときの気持ちを振り返ってみると、自分自身が、この委員会でこんなことをしたい、みんなのために動きたい、と思ったらできたのかもしれません。

何かをがんばる、結果を出そうとすることには、たくさんのエネルギーを必要とします。自分が思い、動くからこそ、このエネルギーが周りを動かすことにつながり、理解を得て、結果がついてくるのです。押しつけられた役割からは何も生まれない気がします。特に期待の裏側にある、相手の勝手な希望や幻想に触れてしまうと、エネルギーが湧くどころか、しんどい思いばかりが強くなります。なぜその人がその役割を自分に期待するのか、それが自分にとってどんな意味を持つのかをまず考えてみる。その期待に応えたいと思うのであれば、まずは自分とじっくり向きあい、何に力を注ぎ、どんなことをやりたいのか、時間をかけて考えてほしいのです。急《せ》かされたり、無理難題を押しつけられるようなら、その期待からは距離を置くことが大切です。

自分の気持ちを優先する、ということ

自分の気持ちを後回しにして、人に向かいそうな怒りや暴力を自分自身に向けている子ども

たちや若者に出会うことがあります。マイナスの気持ちを持つことは良くないと思い込み、周りの人に向けて発したい言葉や思いを飲み込んで、自分の体を傷つけたり、薬やアルコールを手にするなど、その場をしのぐ方法を探すようになります。

最初は明確な「困りごと」があって、その対処法が選択されます。でも、そういった解決の仕方では、すぐに行きづまってしまいます。最初はうまくいっていたかわし方も、繰り返されることで、体やこころは「慣れ」てきてしまうのです。最初は自分の気持ちをコントロールするために始めたことが、次第にその対処法にコントロールされてしまい、効果も薄れてきてしまう。量や頻度《ひんど》が増えないと、求めるような安心は得られなくなります。頭のどこかではやめなくちゃとか、まずいなと思いながら、やってもやらなくても不安で苦しい状況になってしまいます。

病院で出会う子どもたちも「少し気分を変えたいから」とか、「学校であった嫌なことを家に持ち帰りたくないから」とか、「親にぶつけたいけどそれは面倒だから」という理由を口にしていました。「死なないために」、その対処法を選んでいる子どもたちも居ました。今日一日、生き延びるために自分の気持ちをごまかして。毎日毎日、怒りが湧いてきて、そんな気持ちに引っ張られて人とけんかしてしまう自分に疲れてしまう。そんなしんどさから解放されたいから、感情が湧かなくなる薬を出してもらいたい、と言った子が居ました。

この言葉が今になってこころに刺さるのです。

つらいことが続くと、こころは働くことをやめてしまいます。何が起きても怒りも湧かず、涙すら出てこなくなります。

私自身、こんなしんどい状況で涙も出ないで過ごせてるってすごいな、と思ったときがありました。でも、気がつかないふりをしていただけで、とっくにこころは限界だったのです。さくれ立って人の好意が受け入れられずイライラしているのを指摘されたり、体が不調を知らせてくれたのです。こうやって、こころが傷つくことからなんとか守ってくれるのです。生き延びるために、「死にたい」気持ちを先送りにするために。

でも、いつまでもそれでやり過ごせるわけではありません。ずっと蓋《ふた》をしてきて見ないふりをしてきた感情は、どこかでコントロールが効かない状況になります。気持ちを感じることをやめて生きていくことは楽だけれど、本来私たちの中にはいろんな感情が湧きあがり、その一つひとつに名前がついていて、その存在を知らせてくれているのです。

ジブリ映画の『ハウルの動く城』の中で、こころを取り戻したハウルが、「こりゃひどい、体が石みたいだ」と言います。これに対してソフィーは「そうなの、心って重いの!」と答えます、とてもうれしそうに。

この映画を見たときに、本当にそうだなと思いました。感じることを後回しにしてこころがない状況でいると、痛みを感じることもなく、人との摩擦もなく過ごしていくこともできます。自分の気持ちを犠牲にしてきたからこそ、生きてこられたのかもしれません。こころが感じる気持ちにはプラスのものもあります。うれしいとか楽しいとか、誰かと一緒に居たいとか、誰かを頼りたいとか。プラスのものもマイナスのものもこころに湧き上がるいろんな気持ち、そのすべてが自分自身で、その気持ちを優先してもだいじょうぶだということを、安全な場で体験してほしいなと思います。

わかっているけど……「考えても解決しないことで悩まないようにする」難しさ

ついつい考え込んでしまいます。

どうしてあの人は自分を嫌っているのだろう。何をしたからあの人はあんなに怒ったんだろう。何をしなければこんな状況にならなかったんだろう。考えて、考えて、行き着くところは「考えても詮《せん》ないことばかり」。考えただけの効果も、報われることも何もない。わかっているのだけれど、考え、落ち込むループにはまっていきます。見つけることのできない答えを求めて、考えつづける、そんな緊張状態が続くと自律神経のバランスも乱れ、疲れがどんどんたまっていきます。眠れなくなったり食欲がなくなったり、やる気がなくなったり。

「考えても解決しないことで悩まないようにする」、こんな当たり前のこと、わかってはいるのだけど、できないから苦しいのです。考えないようにしようとすればするほど、考えたくないことで頭はいっぱいになります。無理に頭の中から追い出そうとすると、余計に頭の中は考えたくないことで支配されます。人は考えないようにしようとすればするほど、そこに意識が向かい、思考が強化されるようなところがあります。そして自らストレスを増幅させてしまうのです。

一度思考を停止させられたら楽です。思考モードから行動モードに移すことで悩みは軽減できる、と言われたりしますが、なかなかこれも難しい。動くことで一時しのぎはできるけれども、気分転換に出かけてみて、帰ってきたら余計につらくなってしまった、なんていう経験もあります。もう開き直って、今、自分は「考えても解決しないことを考えて悩んでいる」、わかっていてもやめられない、そんなことを認めてしまうこともありなのかも、と大人になって思います。「考えても詮ないことばかり」、これを呪文のように唱えながら、でも苦しいことはずっとは続かないことも経験しているから毎日をやり過ごせているのかもしれません。

考えることをやめる、考えることをやめない、ということ

逆の話をするようですが、考えることをやめない、仕事をしていて、そんなことをぼんやりとだけれど心がけてきました。

どうしたら、その人の思いを聞かせてもらえるだろうか、私がするべきことは何なのだろうか。話を聞きながらその人を知るために、考えていきたいと思っていたのです。逆に言えば考えることくらいしか自分にできることはないのではないかな、と思っていました。

すべて放り出してしまいたいけれど、考えつづけることで見えてくることや、できることもあるような気がしていました。相手の人が抱える「困りごと」や思いがわからないときや、何を手渡すことで支援につながるだろうかと考えるときに、あきらめないで良かったなという体験もありました。問いに対する自分なりの答えを出したい、という思いが強かったのかなと思います。

でも、考えても考えても、どうしたらいいかわからずに途方に暮れて、自分の力のなさや弱さに落ち込んでしまうこともたびたびでした。もう無理だな、できることはないなと、ある意味ゲームオーバーを自覚したときに、不思議と事態が動く、ということも体験しました。

どうしても子どもに治療を受けさせたくない、というご両親との出会いがありました。ほかの病院でお産をし、障害があることがわかり、緊急で搬送されてきた子どもでした。そのご両親は、やっと会えた子どもに対して愛情を持って毎日病院に面会に来ていました。でも、障害を持って生まれた子どもに手術という負担をかけてまで、生かすことに意味があるのだろうか、そんな葛藤を抱えながら、治療は受けないという選択をご両親はしていたのです。

手術までのタイムリミットもあるし、スタッフはどうしたら治療を受けることにご両親が同意してくれるのか、医療機関としてすべきこと、できることは何なのか、何度も議論を重ねました。手術を受ければ、生活をするうえでの支障はなくなるはず、障害の程度は子どもの育ちを見ていかないとなんとも言えないこと、持てるかぎりの情報をスタッフそれぞれが伝えました。ソーシャルワーカーとしての私も、サポート体制や、利用できる社会資源を伝えつつ、ご両親の葛藤について一緒に考えつづけました。

一方で、子どもの権利という視点から考えると、生きる権利を侵害しかねない、という意見もスタッフからは出ました。つまりこれは「医療ネグレクト」にあたるのではないか、と。

医療ネグレクトは、子どもの虐待の一つに分類されます。その子どもの暮らす社会の中で、医療水準や社会通念に照らして考えたときに、その子どもにとって必要かつ適切な医療を受けさせないことを言います。医療を受けないことにより、子どもに不利益が生じたり、QOL (quality of life：生活の質・生命の質）が保証されないことが明らかな場合には、医療機関は、児童相談所に子どもの権利を守るために相談をすることがあります。

両親の思いや苦しさも、そばに居て痛いほど伝わります。障害受容という言葉があるけれど、そんなに簡単に受け入れられるものではない、ということもわかります。この先の未来がもっと具体的に見えていたらいいのに、と思いました。

1週間ほど、話は平行線で先が見えない、答えの出ない状況でした。説得したいというよりも、思いを聞かせていただいて医療機関としてできることを探りたい。こちらの思いや方針がご両親に圧になり苦しめていないだろうか、と不安になりつつも、そこに居つづけ、ご両親の葛藤に触れざるをえない状況でした。スタッフの思いはわかるけれども、重いし、しんどいと、間違いなく、ご両親には負担をかけていたのだと思います。

このことをきっかけに、障害を持つ子どもを育てる保護者の葛藤をもっともっとわかって、これからの相談に活かせるようにしていきたい、考えることをやめたくないと思いました。

時間がたてばたつほど、子どもが手術に耐えられる力も失われていきます。私は、というと、なんとなく宙ぶらりん、板ばさみになり、自分の不甲斐《ふがい》なさに情けなくなりました。

そろそろ限界だね、医療機関としての見解を決めなければ、というときが来ました。それは、ご両親の思いとは違う方向に舵《かじ》を切ることになるのです。もうこれ以上、考えることはできないなと思い、考えることを手放して、ご両親に会おうと思いました。たぶんスタッフみんなも同じ気持ちで、ある意味あきらめて重い気持ちで病室にうかがいました。

病室の扉を開けると、ご親族みなさんがそろい、手術を受けることに決めた、と言うのです。ご家族も苦しみながら考えつづけていたんだな、とあらためて思いました。

そもそも問いに対する答えは一つではないし、そんなに簡単に答えは手に入れられるものではないのだと思います。そのときは答えだと思っても、後から考えたら少し違うこともあります。この一件だって、「手術を受ける」という答えが正解だったのかどうかはわかりません。本心は違うけれど、医療機関に迷惑をかけないように、こちらの意図を汲んでくれたのかもしれません。

このときのように相談を受けていて、答え合わせができない場面もあります。だからこそひとり相撲《ずもう》にならないように、相談を振り返ることが大切になります。考えつづけて、自分の無力さに気がつき、ギブアップする。これはある意味、相談を受ける側が万能感を持たないように、という警告なのかもしれません。

混乱するようなことを言うようだけれど、こういった経験から、考えることをやめてみることも大事だなとも思います。これ以上考えると苦しくなる、そう思ったときは頭の中を支配することを、少し遠くに追いやることも自分を守ることになります。そのことで見えてくることもたくさんあります。考えつづけることで視野が狭くなることもあると思うのです。そして周りが見えなくなり、人の気持ちが届かなくなる。

私自身には負のループに陥る思考のプロセス、というのがあります。考えても仕方のないことなのだけど、何年たっても考えては落ち込み、浮き上がるまでに相当の時間がかかります。きっかけは自分のしたことに対する後悔。そのときの記憶が自分の思考をがんじがらめにして、取り返しのつかないことをしてしまったと、その他多くのマイナス思考を呼び起こします。とことん落ち込み、最後にもう考えるのはよそう、と思いいたり解放されることが繰り返されていました。本当にずいぶんずいぶん時間がたってから、この一連の自分の思考パターンやきっかけがわかるようになったのです。突きつめて考えても苦しいだけで、苦しい思考のプロセスも今の自分には必要ないということが、考えに考えた結果、わかったという感じです。だからこそ、考えることをやめる、という対処方法が身に着いたのです。

どのタイミングでこのループのきっかけが起きるのか、なかなかわかりませんでした。これがトラウマ体験に近い感覚なんだなとわかったのは、ずっと後になってからです。きっかけがどこにあるのかはわからない。きっかけが何かわからないから、いつ拾い上げてしまうのかもわからない。けれど、考えつづけたことで、そこで湧き上がる苦い思いの根っこがわかったのです。さまざまなきっかけが、いつもいつもその根っこのところに私を連れていくのです。そして時間がさかのぼり、苦しかったときの自分を再体験することになるのです。今起きていることではないこと、その影響が今も続いているわけではないこと、今は安全な場に居て、その考えに縛られる必要のないこと、そんなことを確認しては、少し頭を休めます。

考えることをやめると、まず気持ちも体も楽になります。自分の気持ちや考えを意識すると体がその重さを知らせてくれます。その重さが取り除かれると、手足を伸ばして動き出せるような気がするのです。考えることをやめない経験が考えることをやめる効果を教えてくれたのです。

声をあげるということ

受援力《じゅえんりょく》とか、援助希求《えんじょききゅう》能力という言葉を聞いたことがありますか?

大人になっても、「困りごと」ができたときに多くの人が、人に助けを求めることが苦手で、ついつい一人でがんばってしまいます。核家族化が進んだり、コロナ禍のソーシャルディスタンスによって人との距離が生まれています。すぐ隣に居る人に気軽に声をかけることも難しくなっています。表面的に付き合うことですら、相手の反応が怖くて躊躇するのに、助けを求めるなんて考えにくいのかもしれません。

相談をすることに対してのネガティブなイメージもあります。生きていくうえでの課題は、自分で解決していくことが当たり前といった自己責任論がまだまだ根強いです。だから、相談をする人は「力のない人」で、相談をすることは自分の弱さを見せることにつながるような気持ちになるのです。

人に相談をするということは、想像以上に敷居が高いのだということがわかります。今でも、人にお願いするときに「申し訳ないんだけど」とか、できない理由を説明したうえで頼みごとを伝えるようなところが自分にもあります。「困りごと」や相談ごとが、ほかの人には内緒にしておきたいことだったり、人に話したらどんな反応が返ってくるのか不安だったり、非難されそうだな、なんていうふうに思っていることを口にするときにはなおさらです。相談を受けているときに、お酒や薬物の問題、家族関係の話に触れる場合には、みなさん必ず「お恥ずかしい話なんですが」とか、「みっともない話なんですが」という言葉をまず口にします。

私自身も大人になってトラブルに巻き込まれたときに、そのこと自体を相談したり、「なんとかしてほしい」と声をあげることができませんでした。きっと私自身が何かしてしまったんだと思い、過去を振り返っては原因探しをして、トラブルの渦中に居る自分が情けなく、そんなことを解決できない自分の非力さを感じました。そんなときに、簡単に誰かに自分の気持ちを話すなんていうことはできませんでした。

　やっとの思いで打ち明けたときに、「それは気のせいじゃない？」とか、「気にしすぎだよ」「気になるなら本人に聞いてごらんよ」という言葉が返ってきて、話したことを後悔して、次の言葉を飲み込んでしまいました。悩み、苦しんでいるときは何気ないこれらの言葉が、私を否定しているように感じてしまったのです。私自身はそう感じざるをえない状況に居てつらいんだ、という気持ちが、ないがしろにされてしまったような気がしたんです。相手の人は、私を元気づけたり、気にせず過ごせるように気を配ってくれていたのかもしれません。声をあげることがどんなに勇気がいるのか、このときに実感したのです。だから、声をあげてくれた人には、そのこと自体をねぎらいたいと思うし、その人の力を信じたいな、と思うのです。

　声をあげることができるのは、いつも力のある人で、場を支配できる側からの提案のように思うのです。小さな声はかき消されて届くことがありません。そこにもし、支配や暴力が存在するなら余計に。

　つまり、「困りごと」を抱えた当の本人はなかなか声をあげられない仕組みになっているのです。たとえば、いじめられている人は、抑圧され、エネルギーを削《そ》がれているし、自己肯定感も奪われています。いじめている側は抑圧されることもなく、自由に声をあげることができます。その声は通りやすいはずです。そんな中で、「いじめをやめるように話し合いを持ちましょう」といじめられている人が言い出せるはずがありません。その人が安心して対話する自信が持てるようにエンパワメントする（その人が持つ力を発揮できるようにサポートする）。不安やつらさを吐き出すことができるような場を提供する。なぜ声をあげることができないのか、その背景を理解しながら信頼してもらえるような関係をつくっていかなければいけないし、声を聞かせてもらったのであれば、その声を代わりに伝えていきたいと思います。

サインは届きにくいもの

自分でさえなかなか気がつかないこころの不調。周りの人にはもっとわかりにくいものです。勇気を振り絞ってサインを届けたつもりなのに届かなくて失望した、そんな経験を重ねると、声をあげることをあきらめてしまうことにつながります。

ドラマや映画の中では、登場人物の心理描写を代わりに語ってくれる人が出てきて、「困りごと」を解決してくれて救われる、そんな場面を見かけたりします。言葉にせずにわかってくれたらどんないいいだろう、と思うことが多々あります。

でも、そんなことはなかなか起こりません。「困りごと」のサインや、SOSをすくい上げるアンテナは本当に微妙なつくりをしているな、と思います。「困りごと」を相談しようとするときに、人は誰でもいいから話そうとは思わないはずです。この人に話したい、そう思って話すこともあります。そんなつもりはなかったけれど、たまたまタイミングが合って話すこともあります。

たとえば、「今年流行りのスイーツはチュロスです」と言われたら（たまたま見ていたSNSに登場していました）街中で今までスルーしていたチュロスが目に入るようになったり、チュロスの情報が耳に入りやすくなったりします。昨日まで何にも気にせず同じ街並みを歩いてきたのに、急にチュロスの存在が身近になるのです。

今の世の中、たくさんの情報があふれています。自分にとっていらない情報はないものとして生活する術を、私たちは身に着けているように思うのです。一方で、一度情報を得て関心を持つようになると、そのことに関するアンテナがとても敏感になり、たくさんの情報をキャッチすることができるようになるのです。仕事をしていても、たとえば、アルコール依存症について研修で学んだりすると、ニュースや新聞記事でアルコール問題に関連する情報が手に入りやすくなってきたりします。アンテナが張られた状態になるのです。そうすると、アルコール依存症に関する相談が急に増えたり、ほかのことで相談をしていたのにアルコール依存の問題が見えてきたりします。急にアルコール問題に関する「眼鏡」を手に入れたみたいに。

人は知らないこと（特にあまり知りたくないなぁと思うこと）に触れると、自分には関係のないこととして、そのことを遠ざけ、そのことに触れないようになります。どうしたらいいのかわからないから触れずにいた、とか、中途半端にかかわることはよくないと思い、見なかったことにした、そんな言葉を聞くことがあります。遠ざけるだけならいいのですが、勝手な思い込みはバイアスを生じさせます。それは、たとえば「困りごと」についてのサインを発信してくれた人を踏みにじり傷つけてしまうことになります。

だからこそ、私たちはアンテナの感度を上げて、どんな声も拾い落とすことなくすくい上げていかなければいけないないなと思うのです。

それから、知らないからアンテナを張ることができないという大人を減らしていくこともしなければいけませんね。私も、身近なこととしてとらえ、感じてくれるように情報を伝えていく努力を続けていきます。アンテナの感度が上がればサインは届くようになるはずだから。

自立をするって何？

子ども時代の「困りごと」は子どものうちに解決しなければいけないなぁ、とつくづく思います。「困りごと」を抱えたまま大人になったときに、「困りごと」が生き方や考え方に影響を与えるだけではなく、「困りごと」を抱えた人への対応や支援も残念ながら変わってきてしまいます。

子どもの持つ権利は守られるべきで、「困りごと」を生じさせる環境や背景は支援するべき対象ととらえられます。相談の窓口も存在し、制度やサービスも十分ではないまでも用意されています。子どもたち自身が「困ったな」と窓口に行かなくても支援や見守りを受けることもできます。ある意味、支援する側がその必要性を感じ、動き出すことで「困りごと」へのアプローチが始まります。子どもたちが成長し、自分の力で生きていくことができるように、障害となりうる事柄を解決し、サポートしていく。そんな支援目標を持ちながらソーシャルワークが展開されます。

それがあるとき、ある年齢を超えると、子どもたちは急に大人の仲間入りをさせられます。18歳という年齢が、支援やサービスを区切る大きなラインになります。「困りごと」は変わらないのにもかかわらず。そうすると、そのラインを超えるまでは支援の対象だった「困りごと」が、あらためて色分けされて、相談の仕方や窓口も変わってきたりするのです。

多くの制度やサービスは申請することによって利用が開始されるので、「困りごと」を抱えた人が自ら動かないと変化は起きません。少しきつい言い方をすると、「自己責任」的な圧力がかかります。

若者になった子どもたちが受けられるサービスはそう多くありません。利用条件があったりもします。子ども時代に受け取ることができていた手当などもなくなります。仕事をしたり、生活リズムを整え、社会的に自立していく。そんなことを目標にした支援にシフトされていきます。もちろんこれはとても大事なことです。でも、それまでの生活で安心して生きていく感覚や、自分のことを考える余裕、先の予測をしてリスクを避けていく方法、社会で生き延びていくためのルール……そんなことを手にしたり、身に着けてこなかった子どもたちが、急に自分の生活に自分で責任を持ちながら生きていくことは、本当に難しいことだと思うのです。

大人になって思うのは、人の力を借りずに生きていくことなんてまず無理！ ということ。日々誰かに迷惑をかけ、文句を言われ、文句を言いつつ生活していく。ダメな部分もたくさんあるけど、少なくとも、人に頼りながら、自分のできることは自分でやっていく。朝自分で起きて、自分の意思で動き出した。これだけできたら上出来、みたいな自立でもいいのでは、と思います。

ピアでいるということ、ピアに救われるということ

ピア、という言葉を知っていますか？

ピアは英語のpeerであり、仲間や対等な関係を意味します。ソーシャルワークの分野では、病気や障害、同じような苦しみや「困りごと」を抱える仲間から、その人自身の体験や、その

体験から得られた気持ちを聞いたり、共有することで専門職からの支援では得にくいサポートを受けることができる、とピアの存在の大切さが知られています。

ピアサポート、ピアカウンセリングという言葉があります。同じ体験が共有できるので、安心感を持つことができて、「困りごと」の解消に向けた具体的なイメージ、あるいは生き方そのものをロールモデルとして手に入れることができます。「困りごと」を抱えているのは自分だけではないんだ。たいしたことはないと思っていたけれど、人を頼ってもいいんだ。「困りごと」はなんとかすることもできるんだ。そんなことが見えてきます。「困りごと」を抱えて、周りが見えにくくなり、人を信用できなくなっているときに、孤独感を和らげてくれる作用があります。苦しいときをすり抜けることができたら、今度は、同じ立場でほかの人の苦しさに触れる強さを身に着けることができます。

30代半ばのがんの患者さんが居ました。まだ小さな子どもが二人居て、急に見つかった病気と急速に進行する病状に、家族みんなが混乱していました。夫は仕事の調整すらままならず、気持ちが追いつかない様子でした。治療もうまく進まず、このままでは家に帰ることは難しい、と病院のスタッフは考えていました。そしてスタッフは、子どもたちと過ごせる時間をとろうと一時帰宅を提案しました。看護師も同行して、痛みやつらさをやわらげたうえで家族の時間が持てるように、という計画でした。提案したときに、患者さんはとても迷惑そうな顔をしました。そして計画に同意しなかったのです。スタッフはもう動ける時間もわずかで、患者さんや家族の希望はできるだけかなえたいと焦っていました。

そんなときに、ご自身もがんを患い、ピアとして病院を訪問している方がタイミングよく来てくれました。彼女は、この患者さんとも時間をとり、話してくれたのです。すると、患者さんはスタッフの気持ちもわかったうえで、「でも今は、誰かに自分の世話をしてほしい。子どもの世話をするだけの力は残っていないから。ただただ、私の苦しみを聞いて、患者としての私で居させてほしい」と、気持ちを伝えてくれたのです。患者として、ケアの対象として居させてほしいという言葉に、ハッとさせられました。スタッフには言えない思いがあり、こちらの物差しで考えた「かなえたい希望」を押しつけられて苦しかっただろうな、と反省したのです。

体験することでわかることがあります。もちろん、人が体験できることは限られています。体験した人しかわからないのでは支援が限定されてしまうかも、と思うかもしれません。でも、人には想像する力があります。知ることで、相手の痛みや苦しさを理解することは可能です。

同じ苦しみではないし、とらえ方も違うけれど、少しばかり、苦しさを体験したことで私自身も、どんなことに苦しんでいるのかなと相手の思いを想像することができるようになりました。

苦しさがわかるからこそ、理解しあえる関係ができるかもしれません。ピアだからこそわかる、寄り添うことができる、ピアの力は計り知れないのです。そう考えると、苦しくて言葉にすることすらできない今の思いを、活かすことができる日が来るのかもしれません。

回復する姿を見せてもらっているから、回復することを信じられる、ということ

私自身の強みとして、たくさんの出会いやかかわりを通して、子どもたちの変化の場面に居合わせてもらってきた、ということがあります。こんなに気持ちが荒れて身の置きどころもなくて、大人として（もちろん専門職としても）できることはあるのだろうか、そんなふうにお手上げ状態、自分自身の無力感を味わうようなときでも、子どもたちは、自分自身の力で回復し、次のステージに進むさまを見せてくれました。もちろん、さまざまな支援やタイミングが合って、その結果が回復なのかもしれません。

「困りごと」は永遠に続くわけではない、ということも教えてくれます。回復のきっかけはそれぞれです。「困りごと」の始まりがはっきりしないのと同じように、その理由を明確に聞かせてもらえるときと、そうでないときがあります。ずっと後になって振り返ることで言葉に

できる子どもたちもいました。

「絶対13歳になる前に消えてなくなる」「だから勉強はしない」と言い切って部屋に閉じこもっていた子が、「社会福祉ってどこで勉強したの？」とか、「健康のためには7時間くらい寝ればいいの？」と話す高校生になっていたりします。きっといろんな葛藤を抱え、気持ちを消化させるために、いろんなことを試してはやり直したのでしょう。

「なんか、いろんなこと考えるの、ばかばかしくなって。こんなこととしてる場合じゃないって急に気がついた」と当時を振り返って話してくれました。「なんか無欲っていいね」とも。

別の子は長く続いた「困りごと」のはてに、外来でスタッフとけんか別れをして、病院には来なくなってしまいました。気になっているけれど、何もできない状況でした。家出を繰り返し、見知らぬ土地の病院に運ばれては、かかりつけ医療機関として診療情報を求められる。今どこに居て、何をしているのかをそこで知る、そんなことが続いていました。それでも本人の口から、かかりつけとして私の働く病院の名前が伝えられることに少し安堵していました。信用してくれて、どこかでつながりを求めていてくれたのかな、と思ったのです。

数年たったある日、二人の子どもの父親になって、急に会いに来てくれました。あまりの見た目の変化に驚いて、たくさん聞きたいことがあるけれど、言葉を飲み込みました。「親として情けない姿、見せたくないじゃん」「この子たち、俺のこと頼りにしてるんだよね」というのが、そのときの、その子の言葉でした。

その言葉に行き着くまでにどんなに悲しい気持ちや怒りを味わったんだろう、その気持ちの裏側に何があったんだろうと思います。そういった言葉一つひとつに、エネルギーをもらうのです。そしてその言葉を頭に入れて、苦しいときに何をしたらいいのか、何を避けるべきなのかを考えます。回復するモデルを知っていることで、いつか回復するということを信じられることは、何よりの私の強みです。

5 「居場所」の大切さと難しさ

救命救急の現場から地域へ

今、私は地域の中で子どもたちと大人が、日頃、何もないときから安心して出会えるようにとNPO法人を立ち上げ、子どもの居場所、いわゆる子ども食堂や勉強をみんなでする会を開いています。

なぜ、そんな活動を始めたのか。それは救命救急センターでの経験が影響しています。病院の中に居て、患者さんから話を聞かせてもらっていて、専門職としてできることもわずかだな、とずっと感じていたのです。患者さんの多くとは、病気やけがという理由がきっかけで、初めて会う人がほとんどです。本来話したくないこと、ときには自分自身の弱さを見せてまで初対面の人に「困りごと」を話すという、かなりしんどいことを強いていたんだろうなと思います。「困りごと」を抱えるもっと前に知り合えていたら、もう少しなんとかなったんじゃないかな、とも思いました。

特に救命救急センターに自殺未遂で運ばれてくる人たちは、SOSを発信することをあきらめてしまっていました。これまでの生活の中で声をあげてよかったことは一度もない、誰も助けてくれなかった。そんな思いが、相談する敷居を高くしていたのです。声をあげることができずに苦しくて死を選ぼうとしてしまうのです。多くの人が子ども時代に子どもらしく育つ環境を持つことができず、長く生きづらさを抱え、追い込まれた末に自殺をするということ、その苦しい気持ちが仕事をしている中で見えてきたのです。

どんなに勇気を振り絞って声をあげたのだろうかと、今になって思います。でも、その声やSOSが支援や解決につながらず、その結果、問題も解決することなく、かえってその問題が積み重なり、苦しめるようなことになっていく。そうすると人はもう声をあげることも、他人を信用することもしなくなります。言葉を飲み込み、自分なんて生きる価値のない人間だと、内に内に目を向け、外とのつながりを絶っていくのです。

私自身仕事を始めた当初、家庭や地域は安全な場であると疑わずにいました。深夜になると救急外来に来ていた小学生がいました。来るときはいつも母親と一緒なのに、受診が終わっても一人、帰ろうとしないでテレビを見ていました。「家に居たくないんだ」と言いつつも、その理由を語ろうとしなかったので、私も深く聞くことをしませんでした。いつも夜勤の看護師と話しながら帰宅することなく、一晩過ごしていました。朝になって私が出勤するのを待っていては、趣味のこと、好きなアイドルのことはたくさん話してくれました。ひとしきり話すと、「もう帰るね」と彼女が言い、「そうだね、ちゃんとお家に帰るんだよ。またね」と別れていました。

ずっと後になって、彼女が母親のパートナーに性的虐待を受けていたことを知りました。そのことで支援が始まり、彼女は施設に行くことになりました。虐待を受けるかもしれない家に「帰るね」と言わせていたんだと、自分に対して許せない気持ちが何年たっても湧き上がります。まだ仕事を始めたばかりのころのことだから、経験や知識がないからと言って許されることではないのです。自分にとっては失敗であり、次に活かす教訓にはなるかもしれないけれど、彼女にとっては取り返しのつかないことをしてしまったと何年たっても忸怩《じくじ》たる思いでいます。

何にもわかってなかった自分に腹が立って、しばらく立ち直れずにいました。仕事をする資格は自分にはないとも思って、同僚や医師たちに話を聞いてもらいました。それでも怖い思いをしたのは私ではないのです。自分が救いを求めている場合じゃないのに自分しか見えなくなっている自分にますます幻滅する。そんなことの繰り返しでした。そうして、家庭や地域が安全でない子どもたちの存在に気がついたのです。

救急外来の明かりが救いになる子どもたちが居るのだということを。だから、地域に子どもたちの居場所をつくってみようと思ったのです。居場所ができたら何かが変わるのだろうか？そんな気持ちが湧いてきたのです。

次に考えたのは、子ども時代に、何があれば、何を除くことができたら、私が救命救急センターで出会う、自殺を図って運ばれてくる人たちのように、毎日を苦しさで埋め尽くすような人生をたどらずに済むのだろうか、ということでした。子どもたち自身、自分が大事にされているという感覚を生活の中で持ち、尊重された経験があれば、自分を信じることができたり、人を信用し、頼るような関係を持つことができるのではないかと思ったのです。そうすれば生活の中で「困りごと」が生じたときに、周りの大人に声をかけることが抵抗なくできるようになるのではないか、と。

子どもたちにとって相談をすることは敷居も高いし、そもそも「困りごと」があったときに誰かに相談するなんていうこと自体、考えないと思うのです。日々、顔を合わせるなじみの関係の中だからこそ、「あのね」が言えるのでしょう。そう考えたときに、地域で生活する子どもや若者が誰でも参加できる居場所がほしいと思いました。いわゆる、ポピュレーションアプローチです（対象を広くとらえて、全体としてのリスクが下がるように多くの人に働きかける方法）。「困りごと」の有無や、課題のありなしで線を引くことなく、すべての子どもや若者が、人と安全に出会い、人とつながることの楽しさを味わえるような居場所があればいいなぁと思ったのです。居場所がなければつながりを持つこともできない。まずは安全に子どもや若者と大人が出会える場をつくりたい。そうすることによって何が起きるのだろう、ワクワクしながら始めたことを思い出します。

居場所は生き物のようでした。来てくれる子どもやボランティアスタッフにより、いろんな化学反応が起きて、考えていた以上に力を発揮してくれることもあります。地域の中のこのちっぽけな居場所の思い出が、子どもたちが大きくなったときの記憶の片隅にあって、自分に合った居場所を自分の力で見つけられるように、人とつながる温かさや喜びをちょっとでも味わってもらえたらいいなぁと、今も活動しています。

でも、順調にばかりは進まず、活動を始めた当初は、思いが空回りして、地域の人に届かなくて、たくさん失敗もして、何度も泣きながら通勤していました。失敗を見かねた子どもたちに励まされたり、次第に居場所は私にとってもよりどころになっていったのです。

2年ほど前にこの居場所のトリセツをつくりました。この場所に対する思いを知ってほしいけれど、押しつけたくない。それぞれが感じた思いをここに持ち込んでほしい、そんな気持ちからつくったトリセツです。名前の由来や大切にしていること、ちょっとした約束事を書きました、そこにはこんなふうに居場所の説明をしています。

誰が来てもいい場所です
何かしなきゃいけない場所ではないし
何もしなくてもだいじょうぶ
何かをしてあげなくちゃいけない場所ではないし
何かをしてもらわなきゃいけない場所でもない

楽しいからみんなが集まる居場所
でも困ったら声をかけてみて
きっとみんなが答えてくれる
どんなところか
まず知ってほしい
それから
みんなが何をしたいか
一緒に考えて行こうね

ここでは、大人は何かする人ではなく、子どもたちが、好きなときに来て、好きなことをして過ごすことのお手伝いをするのです。誰でも来ていい、同じ大人でも合う人もいれば合わない人も居る、大人同士でも相性ってあるみたい、なんかここだと大事にしてもらえそう、自分のことも大事にしていいみたい……そんなことが自然に伝わると素敵だなと思います。だから、このトリセツには余白がたくさんあります。子どもたちも、大人も自由に居場所のイメージを作り上げて書き込んでいくことができるように、という余白です。

地域に出て感じたソーシャルワークの形

ある朝、携帯に電話が入りました。

電話は「どこにつなげたら、いいのだろうか」と困り果てた、若者支援をしている知人からでした。

自分を傷つけることが止まらない、そんな男性を病院に連れて行ったけれど、入院はできないと言われた。その男性は家もなく、所持金もなく、行政の窓口に相談に行ったけれど、「すぐには支援が始まらない」と言われ、絶望し死ぬ機会を探っていました。そんな中で、知人はSNSでの相談を受けて、やむにやまれず、病院に一緒に行ったのです。

夜間で動きもとれず、一晩病院の待合室で過ごしていました。話を聞いて、あらためて行政の窓口を伝え、使えるサービスを一緒に考えてもらえるように、私からも担当者に連絡を入れました。何より継続的に病院にかかることが大事になります。生活困窮者のための支援をしている民間団体とも連絡をとり、しばらくの間生活ができる環境を提供してもらうことにしました。

この間、知人はボランティアとして移動に付き合い、相談することをサポートしていました。情報が整理されていくと、支援は少しずつ具体的になり、公的なサービスも活用できるようになります。ここまでを辛抱強くサポートするには、時間もエネルギーも必要です。良い悪いは別にして、支援の枠組みは不可欠だけれど、人に寄り添ってサポートするには、ときに枠を越えなければ実現できないものもあります。このあたりの緩急《かんきゅう》を、バランスよく地域の資源と公的なサービスで組み合わせることが重要になります。

病院の中から地域に出て驚いたのは、地域で活動している人や、すぐに「困りごと」をなんとかしてくれる人の中に、いわゆる専門職が見つからないことでした。言い換えると、地域の人にとって頼りになる、力になってくれる人は、あえて相談の窓口や専門機関に行かなくても生活になじんで存在している、ということです。

専門職は、見つからないというより、その姿が見えにくいのだと思います。実際には、行政やその他の専門職の人の支援がそこここに存在します。それでも、活動をしている中で、「専門職の人に助けられたことはなかった」という声を、子どもたちや保護者など多くの人から聞きました。この言葉には愕然《がくぜん》としました。「そんなことないでしょ」と。

でも、そう言われて考えてみると、生活全体を見渡して、何がその「困りごと」を生み出しているのかを一緒に探る視点が欠けていたのかもしれないな、と気がついたのです。

私は病院の中に居て、患者さんやその家族と出会います。ご自宅や職場、学校などには可能なかぎり、お邪魔させていただいてはいたけれど、生活のごくごく一部を見ていたことにしかならないのです。あくまで患者さんの話す出来事や情報、話の中からうっすら見えてくる生活のにおい、そんなことでしか、その人と暮らしをつなぐ事柄を知ることはできないのです。一応、表面上、課題は解決したように見えても、課題の裏側にあることや、思いにまで触れることができずにいたら、相手は落胆するけれど、わざわざそれを伝えることはしないでしょう。黙って、そっと支援者の前から姿を消してしまうかもしれません。そんなこともソーシャルワーカーは頭に入れておかなければいけません。

たとえば、電気料金が未納で、電気が止められた、という「困りごと」が発生します。病院に居たころは、手続きを説明して、料金を振り込み、電気が利用できるようにサポートして、これで「困りごと」が解決したように思っていました。でも、また電気が止まってしまうのです。

地域の中でNPOの一市民として動いて見えてきたのは、「困りごと」と一緒にある「生活」です。電気が止められる背景にある課題。たとえば、引き落とされる口座にお金がない場合に何が起きるのか。引き落としができなかったことを知らせる通知が郵送されます。でも、郵便自体が身近でないとポストをのぞいてみることがありません。大事なお知らせが手紙で来ることすら想像できないのです。その振り込み通知にも支払いの期限があります。ポストの中で眠っていた通知の支払い期限はすぐに過ぎます。手続きをしなければ電気は止まったままです。

この仕組みや、通知が来たときの対応を一緒に確認しないと、「困りごと」は本来解決しなかったのです。大きな組織の中では見えなかったなと、ここでも反省します。

地域の中に出て学んだことは、「地域」というのは本当にいろんな人がいろんな生活をして作り上げているのだ、ということです。当たり前のことなのですが、頭で理解していることと、感覚としてわかることは違うのだ、とあらためて教えてくれました。

NPOで活動を続けている中で思うことがあります。居場所に来てくれる子どもたちに線を引きたくないな、ということです。前にも書きましたが、病院に居たときは、支援をする子どもたちにはラベルが貼られ、線が引かれていました。虐待や非行やヤングケアラー……といったラベルが子どもたちに貼られ、そのラベルごとに支援が組み立てられていくのです。年齢によって使えるサービスや制度、病気や障害によって利用できる社会資源があり、そこで引かれた線からはじかれた子どもたちは、当然、そのサービスや制度は使えません。

でもあるとき、このラベルが貼られてから支援を始めるのでは遅いのではないか？　「困りごと」のラベルはいつ、どの子に貼られてもおかしくないことだから、ラベルが貼られる前の、どの子に対しても声をかけたい、出会っていきたいなぁという思いになったのです。

地域の中で活動するのに不可欠だと思うのは、多様性を受け入れる気持ち、です。多様性を受け入れるには受け入れる側の力が試されます。線を引かない、ラベルを貼らない、そのためには、どんなことでも受け入れる土壌が必要になります。

多様性が受け入れられる地域の中では、いろんな人が居ることを知り、だから自分も周りと違ってもだいじょうぶ、という安心感を与えてくれます。人は余裕がなくなると、自分とは異なる他者を排除しようとします。いろんな人が自分の生活する地域に存在するということを、まず子どもたちと考えていきたいのです。そんなことを考えながら地域の中でソーシャルワークをしています。

都市部では空き地のような、何もない空間が極端に減ってきました。居場所には名前がつけられ、目的が掲げられるようになりました。何もない、何をしてもいい空き地を失ってみて初めて、「地域」がいろんな人とのある意味、目的のない、ゆるやかな交流の場を失っていたのかもしれない、と気づいたのです。だからこそ、狭い場所や大勢の人の中での生活が息苦しく、息が抜けるような空間としての居場所が求められているのかもしれません。地域に出て活動をする中で見えてくることを発信しつづけるのも、ソーシャルワーカーにとっては大きなアクションなんだと思います。

地域の中で活動していて、若者や子どもたちがほかの世代の人たちと交流する機会が減ったなと思います。何にもないときから大人と子どもが出会い、たわいもない話をしてつながりを持つことが難しくなりました。似たような世代の人や、似たような価値観や生活スタイルの人とばかり交流しがちになっています。つながりを持てずにいると、若者や子どもたちのことはわからない、と大人は若者や子どもたちから少し距離を置いてしまいます。そして偏《かたよ》ったイメージを持ち、よりつながりが持ちにくくなります。そしてそのことは若者や子どもたちが手にする情報を偏らせ、いろんな価値観に触れる、というチャンスを奪うことにつながります。

世の中にはいろんな大人が居て、相性もある、ということに気がつき、大人のロールモデルがたくさん手に入る機会が持てるといい、と思います。親や、教員といった身近な大人のモデルだけではなく、地域の中にはいろんなタイプの大人が居ることを知ってほしいと思います。そして、相性があるということも。うまくいかない相手も、なんでも安心して話せる相手も存在します。合う、合わないは個人の問題ではなく、相性なのです。そして、合う人なんて居ない、というのであれば、まだ出会えていないのだと思い、自分にとって安心できる相性の合う人を探してほしいのです。

家族に求めてしまうもの、求められて苦しいこと

家族って何なのだろう。

ずっとずっと昔は、人が生きていくことは、それ自体が困難の連続でした。外敵から身を守り、食べ物を得て、安全な場で生活して、命を次の世代につないでいくことが、今以上に大変な時代があったのです。一人ですべての役割を担って生きていくことは不可能で、集団で生活するほうが、はるかに容易に命を次の世代に引き継ぐことができたのです。狩りや、食べ物を探し出すことが得意な人や、子どもの世話をすることが好きな人、安全な住まいを作り出すことができる人、みんながそれぞれ得意なことを持ち寄って生活する暮らしが必要でした。生きていくうえでどうしても必要な最小単位が「家族」だったのです。

日本では1950年代ごろまでは、大家族で子どもも多く、親の兄弟やその配偶者、子どもたちも一緒に暮らしているような世帯も多くありました。家事を含めてみんなが仕事や役割を持ち、家を回していました。畑仕事をしたり、生きていくうえで必要なモノの多くは自分たちでつくるような生活でした。電化製品もほとんどなく、洗濯や食事の支度といった家事をするにも時間がかかりました。みんなで家を回して機能的に生活していくためには多くの家族が一緒に生活をすることが効果的だったのでしょう。子どもたちも、忙しい親に代わって年上の兄弟が小さな子どもたちの面倒を見ていたり、繁忙期には家の仕事に駆り出されることもありました。もし「困りごと」があってもまずは身近な家族の力で解決する、そんな生活が見えてきます。そもそも今のように、社会資源やサービスが十分ないのだから、家族の総力を結集するしかないわけです。家族の概念も今より大きな枠組みでとらえられ、親族関係も身近なものでした。地域社会の中で「お互いさま」の感覚で支えあう仕組みもありました。

その後、次第に夫婦と子どもの核家族が増えていきました。女性も仕事を持ち、社会に出ていく時代になりました。いろんな生き方、家族のあり方が認められ、徐々に受け入れられつつあるのが、今なのかもしれません。

大勢で過ごす家族から核家族に家族の形が変わったことによって、家族を作り上げる人同士の関係性の密度は高くなり、距離感は近くなりました。逃げ場がつくりにくくなります。家の中に他人の目が届かなくなり、風通しが悪くなります。そうなると、家が機能しなくなるリスクが高くなります。そして子どもを地域や社会全体で育てようという文化が薄くなり、子育ては家族や家庭の中で行われることと、とらえられるようになってきました。子育ての責任を親や家に押しつけるということは、もしも生活の中に「困りごと」を抱えた家族がいたとしたら、とどめを刺すことになりかねないと思います。

コロナが生活に影を落とすようになると、他者との距離が求められ、多くの人は「家」にとどまり、それまで外に向けられていたこともすべて家の中に持ち込まれ、「困りごと」もより見えにくくなっていきました。マスクの配布も助成金も「家」を単位に行われていました。家にはいろんな形があっていい、家の多様性が言われるようになった矢先に、家がステレオタイプに語られ、多くのことを担わされる単位になってしまったのです。

家の居心地がよくて安全であれば、問題はないのです。でも家の中のバランスが悪くて、誰かが我慢をしないと回らなかったり、暴力があったり、息をひそめて過ごさなければいけない不安定な状況だと、「家」が単位では困ることも起きてきます。責任を家庭に押しつけられて子育てをして、何かあれば責められるのでは、大人たちも気持ちが縮こまってしまいます。そんな、周りの目を気にしながらの育児は、こころのゆとりを奪ってしまう、と思ったのです。

子育ては家庭で、それも親の責任でという解釈になったのは最近のことだと言えます。大人も苦しい、そんな家族の中では、子どもたちだってしんどくなります。そもそも家族という集団の中では、本音で話せる安心感があってほしい、と思います。外では言えないけれど、こんな悔しい思いをしたとか、あの人と仕事をするのはしんどいとか。わかってもらえなくても、否定されずに、とりあえず聞いてくれるという安心感がほしくなります。「ふ〜ん、そうなんだ」の一言が。これができないと、本音を話す場がなくなってしまうから。

でも、家族に余裕がないと、これが難しいのです。つい、そんなこと考えるのはよしたほうがいいとか、自分のほうこそどうなの、とか言われてしまうと、ただただヘコむのです。家族だからこそ許されると、つい甘えたり、他人には言えない言葉をぶつけてしまいます。家族に求めてしまうのは安心感。この安心感を大人も勘違いしがちです。家族だから許されることと勘違いして、境界線があいまいになったり、気持ちを押しつけ、選択肢を提示することが相手のためだと幻想を抱いてしまったりします。お互いに境界線を越えて甘えられたり、コントロールされたりすると苦しくなります。家族こそこの境界線を認めあえる関係だといいのだけれど、といつも思います。でもつい、家族の中の役割意識を過剰に出してしまって、その役割に縛られて、「ねばならない」に苦しめられたりします。

家族の中でこそ、自分を解放できるようにしたいです。そういう「場」になるよう、大人は気を配らなければいけない。そして万が一、家族にその役割を求めることができなければ、身近な大人が、境界線を保ちつつ、安全な場を探すことができるサポートをしていく覚悟を持たなければならない、と考えています。そんなことを考えている大人が居ることも知っておいてほしいな、と思います。

自分の居場所がないと思ったら

人との距離感って難しいです。距離感がほしいときもあれば距離感が不安をあおるときもあります。一人になりたいと思うこともあるけれど、一人で居ることに耐えられなくなることもあります。人と居ることで得られる安らぎもあるけれど、一人で居ることで感じる穏やかな気持ちもあります。距離がぐっと縮まってうれしいときもあれば、恐怖を感じることもあります。どんなときに、どういう場面だとこうなる、という方程式がないから厄介です。

最近では、物理的な距離ばかりでなくなってきました。たとえば、LINEやMessengerは距離をつかむのがとても難しいです。送ったメッセージに既読がつかないとか、既読はつくけれども反応がなかったりすると、あれこれ想像して勝手な解釈で距離や関係を測ってしまい、苦しくなることがあります。顔が見えない分、物理的な距離以上に傷ついてしまうこともあります。人とのやりとりに振り回されて疲れてしまう、そんな経験の根っこには人との距離のとり方が影響していたりします。

また、居場所が大事ということが、よく言われるようになりました。それも家や学校、職場でもない居心地のいい「第三の居場所」とか「サードプレイス」を持つことが人の幸せに影響を与えるとか、安心感を得られるとも言われています。

どうして居場所が必要なのか？　居場所の持つ効果を少し考えてみたいと思います。

「あなたにとっての居場所ってどこですか？」と聞かれてどんなふうに答えますか？　学校であればクラスや部活、委員会、もっと小さな集団であれば友達やグループ。地域の中であれば塾や習い事や行事ごとの集まりなど。家や親せき。大人になれば職場や趣味のサークルなどなど、でしょうか？

居場所を持つことによって他者との交流が生まれます。この交流は、自分自身を知ることにつながったり、ほかの人への関心を持つことで、人に対する理解や気持ちに触れる体験が得られたりします。この体験や、ほかの人を理解するという感覚が、自分の感情をコントロールして安定した気分のいい自分でいられることにつながる。居場所を通して安心できる「場」「人」「自分」に出会うことで、人とつながる心地よさを感じることができる。そこでは不安の解消やストレスからの解放、といったことも体感できる。こんなところが居場所の持つ効果かな、と私は思います。

でも、一方で、居場所が人には必要と言われすぎると、居場所を失うことが怖くなり、居心地が悪くても我慢して居場所にしがみついてしまいそうになります。そんなにしてまで大事と言われる「居場所」って何でしょう、とあらためて思います。

単に人が居る場所だった「居場所」が生活やライフスタイルとつながって、その必要性や意味が語られるようになってきました。若者や子どもたちの「困りごと」の背景に居場所のなさが影響していると言われるようになったのは1990年代に入ってからでしょうか。居場所ができることで人や地域とつながり、ポジティブな感情を持つことができ、自分の持っている力が発揮できる。心地よい人との交流は世界を広げ、新たなチャレンジができるようにサポートしてくれる、という側面が強調されるようになったのです。

人は何かに所属していることで、なんとなく自分の居場所を確保します。人が居場所に求めるものとは何でしょう。リラックスしたり、好きなことができて、そんな自分が受け入れられていると感じられるような場所で、その場所には価値観の似た、心地よい感情の共有ができる仲間が居る。孤独を感じることなく、自分を大事にしてくれる、安心感を得ることができる。そんな居場所を持つことができるのは理想的です。

でも、居場所にこだわるあまり自分を押し殺して、みんなに受け入れられる「自分」を演じてみたり、人との距離感を感じて居心地の悪さを感じたりすることもあります。人からどう見られているのかが気になるときもあります。居場所がないことは孤立や孤独を連想させ、恥ずかしいとか疎外感を持つなど、不必要なマイナスイメージを与えます。

でも、本当にそうでしょうか？　その居場所に何を求めるかが大事になるような気がするのです。居場所に居づらさを感じたり、違和感を感じても、その場にしがみつきたくなる気持ちもあります。たくさんの居場所を持つ人はそうそう居ません。だからこそ、手に入れた居場所を大事にしたいし、そこで周りの人にも受け入れられて心地よく過ごしたい。居場所を失うことの怖さはとても大きいと思います。本来は、居場所は人を縛りつけるものではありません。そこに居たければ居ることもできる。でも、距離をとりたいときは距離をとっていい。

ほどよい距離感をつかむ練習を私は今でもしています。ときには失敗して居場所を失うこともあるし、自分で割り切って居場所の意味づけをしてみたりします。孤独を感じるけれど今の自分には必要と思える居場所もあります。長い時間軸で見れば、広い世界の中にはたくさん居場所を見つけるチャンスがあります。

嫌な場所からは離れる

自分の身を守ること、自分が自分を保てなくなる、と感じるときにはその場を離れることも必要です。居場所は安心をくれるのと同時に、うまくいかなくなると不安を掻《か》き立てる場にもなります。私自身、居場所は大切だと思ってきました。居場所があることで救われたこともたくさんあります。何より世の中では居場所が不可欠、居場所がないからいろんな課題が起きるんだ、と盛んに言われています。でも不安を掻き立てられるような居場所にしがみつく必要はないと思うのです。

どうして人は、そうまでして居場所にこだわりしがみつこうとするのでしょう。そこには、居場所にしがみつかなければならない理由があります。人はたくさんの居場所を持てるわけではありません。今居る場所がすべて、そこから離れることなんてできない、そう思うこともあります。居場所を失うことで、自分のアイデンティティ（自分が自分であることや、そういった自分がほかの人や社会から受け入れられ認められている、というような感覚のこと）まで失ってしまうように感じてしまうのです。居場所の効果としては、そこに居ることで自分自身を認められ、「仲間」として受け入れてもらえることによる安心感があるように思います。

私は近所のスポーツジムに通っています。決まった時間に行けるわけではないので、スクールに入ったり、プログラムに参加できるわけではありません。そのせいなのか、自分の何かがそうさせているのか、何年か通っているけれど一向に知り合いはできないし、「仲間」として受け入れられている感覚も持てていません。日によっては誰とも話さず、ほかの人たちの笑い声に疎外感を感じることもあります。それでも通いつづけているのは、私にとっては意味のある居場所なんだと思うのです。人とのつながりを求めているわけではなく、ただ体を動かしてストレスを発散させ、爽快感を感じる居場所。

もう一つ、私がスポーツジムで卑屈にならないのは、ほかにも居場所がある、そう感じているからかもしれません。だからこそ、ここでは人とのつながりは求めないと割りきれるのかもしれません。本当につらくなったら、別のスポーツジムに変えてしまえばいい！　という気持ちでもいます。

居場所をどうとらえるか。自分の生活すべてを注ぎ込んでしまうと苦しくなるのかもしれません。自分にとって都合のいい居場所をいくつか持つこと、嫌な場所からは離れること、そういうことに罪悪感を持たないようにすることが必要なのかなと思います。

一つの場にしがみつかないでほしい、嫌な場所からは逃げてほしい。今居る自分の居場所なんて本当に小さな、小さな世界。

世の中にはたくさんの居場所がある。ただまだそこにたどり着くことができていないだけ。そう思うと少し、未来に希望が持てます。

いつか必ずたどり着ける、自分にとって本当に居心地のいい居場所を、大人になった私自身も、探していこうと思います。

6 死にたい気持ちのトリセツ

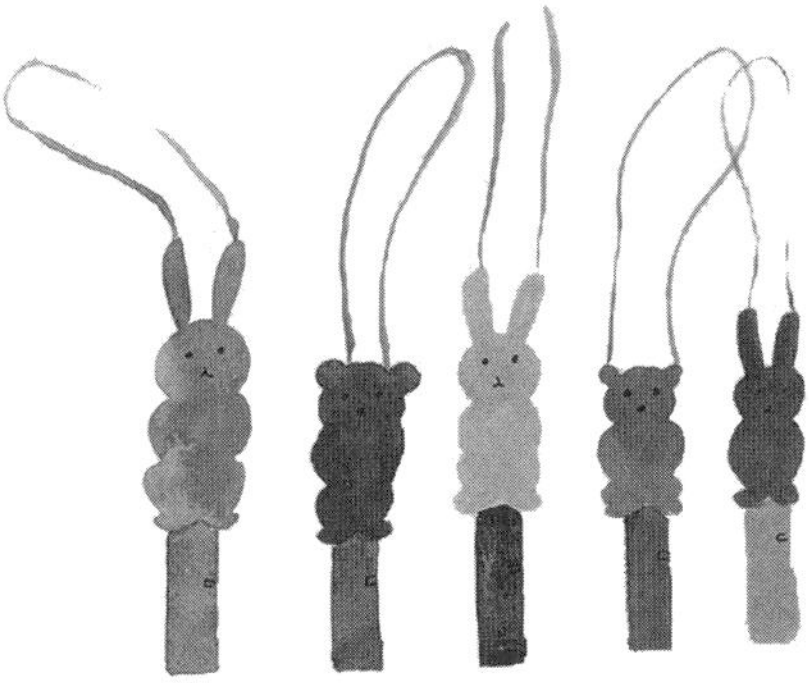

体の不調の根っこを知る

精神的に不安定になっていても、はたからではその変化が見えないことがあります。こころが傷ついていても、周りはもとより自分自身も気がつかないこともあります。まずは自分自身で体やこころをいたわることができるように、小さなこころの変化に気がつくことができたらいいなと思います。

不調が続いたら医療を頼ることも大事です。メンタルヘルスの分野ではDUP（duration of untreated psychosis：精神病未治療期間）という言葉があります。メンタルヘルスの「困りごと」を抱えて、不調に気がついたとしても、精神科の受診をすることに対する敷居が高く、なかなか病院にたどり着けません。このなかなかたどり着けない時間が短ければ短いだけ治療の効果があり、回復までの時間も短くなる。それなのに日本では、まだまだこのDUPが長いという現実があります。

風邪も同じですよね。ひきはじめに治療したり、必要な対処をすれば治りは早くなります。症状も軽くて済むことのほうが多いです。いろんな事情で体を休めることができなかったり、ついつい受診しなかったりすると、風邪をこじらせてしまい体調不良が長引いてしまう、なんていうこともあります。

だから、こころが疲れてしまったときのサインを知ることから始めましょう。そして、風邪や体の不調と同じように医療機関を利用してみてください。

何かが気になり、頭の片隅からそのことが離れなくなると、四六時中、感覚が敏感になることがあります。そうすると、体は疲れて休みたいのに、頭だけがさえてしまい考えることに集中してしまうようになります。眠りたいのに眠れなくなる、休息をとりたいのに落ち着かない、そんな感じです。

睡眠が十分にとれないと頭の中もリセットされないので、記憶があいまいになったり、上書きができなくなっていきます。なんだか集中できない、忘れ物が多くなる、今までできていたことができなくなる。何より、モチベーションが上がらない。そうなると生活すべてが億劫《おっくう》になります。食事をすることも、お風呂に入ったり、身だしなみに気を配ることも面倒になりま す。外出したり、人と会ったりすることも後回しにしているうちに、どうでもよくなってしまったり。

なんだかすっきりしないな、と思うときには、自分のこころや体が疲れていないかなと点検してみてください。怠《なま》けているのとは違うのです。そうやって、生き延びることができるように、体やこころが精いっぱい外からの刺激と闘《たたか》い、バランスを崩すことがないように踏ん張ってくれているのです。

でも、このがんばりはずっと続けられるわけではありません。無理が続けばバランスが保てなくなります。こころより先に体はSOSを伝えてくれます。気持ちの切り替えを手っ取り早くしようと思うと、ときには薬の力に依存したり、自傷行為をしてしまうことがあります。これらのことは最初のうちは自分でコントロールしながら効果的な対処法として利用できるかもしれません。でも、このコントロールはいつまでも続きません。

私は気圧の変化に弱く、頭痛を起こすことがあります。頭痛が起きたときに、鎮痛薬《ちんつうやく》を飲むと改善しますが、タイミングがずれると薬が効かないことがあります。そんな経験が続くと、うまく対処できる方法を探すようになります。頭が痛くなりそうだなと、頭痛の予兆を感じると予防的に薬を飲むようになります。もっと言えば、天気予報で明日は気圧が変化します、という言葉を聞けば、予兆もないのに薬を飲んだりします。最初のうちは頭痛をコントロールするために鎮痛薬を飲んでいたはずなのに、鎮痛薬にコントロールされている自分に気がつくわけです。薬の依存に対する怖さはこんなところにあります。

気分を変えようとか、気分が落ち着くようにと、自分の不安な気持ちをコントロールしているつもりで、薬の使用や自傷行為を始めるのかもしれません。そのうちに、不安や嫌なことが起こるかもしれないという怖さのレベルがどんどん低くなり、飲まないと、自傷行為をしないと不安になるようであれば、それは薬に、自傷行為にコントロールされていることになります。

そうなると、薬を飲んでいても苦しい、自傷行為をしていてもつらい、飲まなくても苦しい、自傷行為を我慢していてもつらい……そんな気持ちになってしまいます。

自分の気持ちや体の不調に気がついたら、自分だけでなんとかしようと思わずに周りの大人に声をかけてください。必要なケアにつなげてくれる人に出会えるまでは、あきらめずに声をかけてください。私たち大人も、体の不調の根っこを探り、その根っこにフィットするケアを手渡せる準備をしていきます。

こんなサインに気がついたら誰かに声をかけましょう

繰り返しになりますが、メンタルヘルスの不調は誰にでも起こります。その予兆や引き金となることは予測がつくものとそうではないものがあるので、なかなかややこしいです。たとえば、災害や喪失体験（死別や離別、病気・けがや障害）、孤立（失恋や友達とのトラブル、組織内での対立・ハラスメント）などはこころの不調を引き起こすわかりやすいリスクになります。安心できない家庭環境や居場所も不調の温床になります。みんなが同じようにこれらを体験しても、同じような反応ばかりが生じるとは限りません。もともとの性格的な特性も違いを生じさせます。また同じ人が同じようにこれらの事柄を体験しても、その時々のこころの予備力

（エネルギーが充塡《じゅうてん》されている状況かどうか）によって表われる不調も変わってきます。

もちろん緩衝材《かんしょうざい》となる事柄もときによって違います。あるときはジャストなタイミングで友達が声をかけてくれて落ち込まずに済んだとか、しんどかったけれど、気がついたらお気に入りの音楽が流れていたとか、気持ちをそらせてくれる緩衝材も、またそここに存在するのです。

でも、こういった緩衝材が働かなくなるほど視野狭窄が起こっていたら、友達の言葉や大好きな音楽も耳に届かなくなっていたら、ずいぶんまいっているんだなと自分をメンテナンスして充電することに努めましょう。自分の体調の変化に無頓着《むとんちゃく》になるのも要注意です。熱が出ていても放っておいたり、けがをしていても処置をしなかったりするのは、セルフネグレクト（自分への関心が低くなり日常生活や自分自身のケアがおろそかになってしまうこと）になります。

「誰も助けてくれない」「自分なんて居ないほうがいいに決まっている」「消えてなくなりたい」そんな思いがこころを占拠しはじめたら、要注意です。いつもは感じない強い怒りや、反対に無力感や自分の価値のなさにさいなまれたり、しんどさがずっと続くように思われて、動けなくなってしまったら、自分だけで解決しようと思わないでください。

自分が情けないと思ったり、恥ずかしいという気持ちが湧いてくることがあります。誰かに声をかけたときの反応が怖くて、また一歩踏み出すことを躊躇してしまうこともあります。話すからには期待もしてしまいます。話をして、わかってくれる人は4人に1人、という話を聞いたことがあります。最初に、その一人に会えればいいけれど、それはなかなか難しいことなんだと思います。

一人に話してわかってもらえなくても（そんなときは途中でもやめてしまいましょう）、別な人にチャレンジしましょう。でも、エネルギーが枯渇《こかつ》していると相談なんてできません。だから、余力があるうちに、相談でなくてもいいから、つらさを吐き出してみましょう。不調の裏側にある解決可能な「困りごと」を探し当てるには自分一人では難しいのです。

人に声をかけることは、ソーシャルワーカーである私自身も苦手だったりします。頭ではわかっていても恥ずかしさやプライドから動けないこともあります。つらいときにだんだん自分の感情が薄くなって、悲しいのに泣けなくなってきたことがありました。さすがにこれはまずいなと、友人の精神科医に相談しました。ひとしきり話を聞いた友人は、「だいじょうぶ。今は泣くときじゃなくて怒るときだってことを頭も体もわかってる、ってこと。泣けないのは当たり前」と言葉を投げかけてくれたのです。私を見て、状況や事態とのつながりを通訳してくれる。これは自分ではできないなと実感したのです。

スモールステップで、できていることを確認する

つらく苦しい状況に置かれると、考えが散漫《さんまん》になってしまいます。意欲もなくなってしまうので、やる気が起きず、やらなければいけないことを放り出してしまいます。充電のため、今日はやらない、動かないと自分に宣言してしまうのも、ときにはありです。ただ、なかなかそうもいかなくて、日常に流されて、普段どおり生活せざるをえない状況が続いたりもします。

そうなると、一日が終わったときに、何もできていなかったと苦しくなることがあります。そして自分を責める材料がまた一つ増えてしまいます。

でも、たいていは、たくさんのことができているのです。つらくなるとできていないことや自分の嫌なところばかりが目につきます（たぶん子どものころから苦手を克服しようとか、自分の悪いところは修正しようと言われつづけてきたからです……）。そうなると周りの人が「がんばってるね」とか、「無理しないでだいじょうぶだよ」と言ってくれても言葉どおりに受けとめられず、いたわってくれる思いや言葉が届かなくなります。

そんなとき、目標を小さなものにしたり、課題を簡単なものにしたりして、箇条書きにするようにしています。達成可能な、本当にどうでもいいようなことばかりを紙に書き出して、スモールステップでこなすようにします。大きな目標や難しい課題を目の前にすると、たとえ元

気でもやる気を削がれることがあります。大きな目標の前にたくさんのマイルストーンを置いてみたり、難しい課題を分解して、手がつけられそうなところだけやってみるとか、その日の気分に合わせて書き出します。

それが完成したり、ゴールに到達しなくても取りかかれたら消していきます。大目に見ていくこともときには大事です。できたこと、取り組めたことが目で見えることが重要なのです。何にもできてない、やれていない、そんなことを否定してくれます。そして、小さなできていることの積み重ねは自分に自信もくれるはずです。

就職して2年目。まだまだソーシャルワークと呼べるような仕事ができていなかった、今思えば恥ずかしいことの連続の毎日でした。救命救急センターに10代の男性が運ばれてきました。オートバイの事故で脊髄損傷《せきずいそんしょう》になり、首から下がまったく動かない状態でした。容体が落ち着いてきたころ、医師から、この先ずっと身体が動かず、寝たきりになってしまうことが伝えられました。想像できないくらいの絶望の中に居たのだと思います。医師からの話を聞いて以降、治療を拒否し、スタッフのかかわりも受けつけなくなりました。

それから、スタッフみんなで何ができるだろう？　何をすべきだろう？　と日々話し合うことが始まりました。年齢も近く、経験も浅い私は、存在自体うっとうしく思われているだろうな、と病室に行く頻度も少なくなりました。ベッドサイドに行ってもフル無視される。今思えば、無視されている自分にしか目が向かなかった自分が情けなくなります。あれもできない、これも受け入れられない、だから、たくさん理由をつけて彼に会うことを避けていました。

そんなことに比べようもないくらい、つらい気持ちを抱えている彼の姿が見えていなかった。同僚から「逃げないで向きあいなよ」と声をかけられるまで、ずっと自分のことばかり考えていました。

とにかく、1日1時間病室にお邪魔させていただくことをお話ししました。テレビを一緒に見たり、窓を開けたり、看護師さんの仕事を眺めたり。ひと月くらいはずっと、ひとり相撲、私の自己満足のために行っているのか、とまた自己嫌悪に陥りました。

そんなときに、「顔に髪がついていて気持ちが悪いから取って」と言われたのです。初めて私に向けられた言葉でした。そこであらためて彼の障害の重さに気がついたのです。当たり前にできていたことができなくなる。頭では理解していた彼の障害が、まったくわかっていなかった。ただただ、自分が安心するために彼に会いに行っていたのだと、衝撃が走るくらい反省したのです。その後、少しずつだけれど話ができるようになりました。趣味の話をしたり、雑誌をめくる役割をしたり、一緒に時間を過ごすようになりました。

そして、あるとき、急に「先生呼んできて。手が動いた！」と言われたのです。医師が来て、右手の動きが少しあることが確認されました。リハビリテーションで右手の訓練が強化されました。この場を一緒に過ごしたことが彼にとっては意味があった、と後になって言われました。右手が動くこと、この変化がうれしかったこと、そして、うれしいことを共有する相手がいたこと。できることを見つけられてよかった、とも言われました。そのときから彼は、リハビリテーションに必死で取り組むようになりました。

「何もできないと思ったけど、できることは意外にあったよ」――人の持つ力のすごさを見せてくれたこの経験は、たぶんこの先もずっと私を支えてくれるはずです。

暴力や支配からは離れる

まず、暴力や自分の立場を使って人をコントロールしようとする人がいたとしたら、それは絶対に許されないことです。また、あなたが周りに居て支配や暴力に気がついているのに、ストップがかけられなかったり、自分の身に降りかかることを恐れて支配や暴力に抗《あらが》わずにいることは、それに間接的に加担してしまうことになり、暴力や支配を用いることとまったく同じであるということも、私たちは知っておかなければいけないと思います。

もし、いじめや嫌がらせを目にしたら、傍観者《ぼうかんしゃ》にはならないようにしたいな、と思います。

いじめや嫌がらせをやめさせることは勇気もいるし、難しい場合もあります。嫌な思いをしている人の立場に立って庇《かば》ったら、今度は自分がターゲットになるかもしれません。大人だって怖くてなかなか動けないものです。けれど、少なくとも、「あなたは悪くないんだよ」「あのときは助けられなくてごめんね」という言葉で、いじめや嫌がらせを受けている人の気持ちが救われることもあります。周りの信頼できる大人に「自分が見ていてつらかった」ことを伝えることも一つです。これはチクっているわけじゃなくて、自分のつらさを相談しているのですから。

私が、傍観者になりたくないと思ったのは、直接的な加害も苦しいけれど、傍観者からの間接的な加害も苦しいということを味わったからです。この、「苦しい思い」をしたときに何が自分に起きたのか。

ずっと時間を巻き戻してやり直したい、と考えました。そのプロセスで自分の何がいけなかったのか。何をしなければ、何をしていれば、今のトラブルに巻き込まれなかったのか、そればかりを考えていました。考えても仕方のないことばかり、そうわかっているのに、です。

そうこうしていくうちに、自分には価値がないとか、自分が悪かったんだとかそんなことばかりが頭の中をぐるぐる支配するようになります。暴力や支配は人から声をあげる力を奪い、自分を尊重する気持ちを消し去ります。人に相談するなんてとんでもない。みんな大変な思いを抱えているはず。自分の「困りごと」なんて取るに足らないことで、そもそも自分なんて相談する価値もない人間だし。それに何より、こんなことを引き起こしている自分は恥ずかしい。周りの仲の良かった友人にも迷惑をかけるのではないか、最近連絡をくれないのは、どこかから話を聞いて私を避けるようになったのではないか。どんどん人が信用できなくなり、自分から壁をつくって、「かかわらないで」のサインを発してしまうのです。

そのくせ、人が楽しそうにしていたりすると、どうして声をかけてくれないのか、放っておくなんてひどい、と怒りに似た感情を持ってしまったりもします。まるでジェットコースターに乗っているように気持ちは急上昇して急降下します。そしてそんな状況に疲れ、何もする気が起きなくなります。

自分自身がそういう環境に身を置くまでは、本当にわかっていなかったと反省しています。苦しいときに自分で声をあげるなんて絶対にできないのです。

「だいじょうぶ?」「何かあったら話してね」って言われて「ねえねえ、聞いて」って言えるのは楽しい話のときです。あるいは自分の中で、整理がついたうえでの相談だったりします。エネルギーが枯渇したときには、どんな言葉も飲み込むしかなくなっています。

ときに「話を聞くよ」という言葉が人を追いつめたり、傷つけることもあります。話すことで楽になるという幻想を、つい支援する側は持ってしまいがちです。私自身、ずっとそう思ってきました。でも、話すことで救われない経験もしたから、話してほしいという「圧」で苦しくなることにも気がつきました。「話してどうなるの」という気持ちもむくむく湧いてきました。そもそもエネルギーがない中で、やっと言葉を吐き出したら、思いもよらない言葉や聞きたくない情報まで聞く羽目になって後悔したこともありました。話したんだからなんとかしてよって思いが湧いてきたり、いっそう深く深く沈みこんでしまう自分を自覚したりもしました。

それまでは、ハラスメントやいじめの相談を受けているときにも、こころのどこかで被害を受ける側の課題はなかったのかな、とか、ハラスメントやいじめが起きてしまう環境や背景にも何か問題があったのかな、なんて思うこともありました。

でも、今ならわかります。たとえどんな理由や背景があっても暴力や支配は絶対にあってはいけないことだと。だから、暴力や支配に気がついたら、そこから離れるべきだということも。

そして、そんな場や関係から「逃げられない」気持ちの理解も必要なんです。そこしか自分の居場所がないと思えば、その場所にしがみつくしかないんです。「逃げる」なんていうことを考える余裕もない。そんなときに支援する人は、「どうしてこんなになるまで逃げなかったの？」と聞くけれど、逃げてどうなるかがわからなければ逃げることなんてできないのです。

そう、暴力や支配は、想像する力も奪うから。

私の周りの人はすごかった。毎日毎日「あなたは間違ってない」という言葉を繰り返し、私に浴びせかけてくれたし、一緒に戦うことも、言葉だけじゃなく行動でも伝えてくれた。孤独を感じさせないだけでなく、実際に孤立することを防いでくれたのです。いくらだいじょうぶ、間違っていないよと、つながりを持って孤独を感じさせないようにしてくれても、居場所の中で孤立していたら苦しい気持ちに変わりはありません。孤独を防ぎ、孤立させない、はセットなんだとあらためて思いました。だから今は、どんなときも勇気をもって苦しい気持ちを抱える人と、一歩を踏み出したいと思います。

「SOSを出して」という圧は重たいけれど……SNSで相談してみる

いろんな啓発のためのポスターを見ても、子どもや若者に対する相談支援マニュアルを見ても、SOSが出せるようにサポートしましょうとか、SOSの出し方という文字が目に入ります。このキャンペーンの目標は「身近な信頼できる大人にSOSが出せるようになる」ことです。それができたらこんなに苦しむことはない！　と何度も言われました。確かにそうだろうな、と自分のことを振り返っても思います。SOSが発信されなければ支援が始まらない、というメッセージ、つまり、周りはSOSを受け身で待っているようにもとれてしまうのです。「困りごと」を抱えて苦しんでいるときには、みんなに迷惑をかける、申し訳ない自分像が出来上がっています。「死にたい」なんて、身近な人、大事な人に話したら、その人にまた迷惑をかけてしまう。だから近しい人には本当の苦しさを話せないものだと思います。身近な信頼できる人に迷惑をかけるくらいなら死んだほうがマシ、なのです。

子どもや若者にSOSを出してもらうのであれば、そのSOSを受けとめ、支援ができるような環境や大人がまず必要です。SOSを出してはみたものの、うまくいかず、がっかりしてしまうのでは、不信感を生み出すことにしかなりません。

身近に信頼できる大人が見つけにくい。そのうえ、迷惑は極力かけたくない。そんな思いの中で、SOSの出し先がないのです。それ以前に、SOSを出す、という選択肢も頭に浮かびにくいのかもしれません。「言ってくれたらよかったのに」という言葉は、言えなかったことを否定された気持ちになってしまいます。困っている事柄が自分でもよくつかめず、うまく言葉にすることができないのかもしれません。「困りごと」と自分のつらさがつながっていないのかもしれません。

そんな中で伝えてくれる、「つらいんだ」とか「消えてなくなりたいんだ」という言葉を感情の吐露《とろ》で終わらせてはいけないな、と思うのです。気持ちを吐き出すときは、イコール相談ではないことのほうが多いです。まずは苦しい自分を本当に受けとめてくれるのかなと、サインを伝えてくれます。SOSを発信して相談するには自分の気持ちに気がつき、向きあって、

「なんとかしたい」そんな気持ちが湧き上がり、そのための一歩を踏み出そうとしないと、なかなかできることではありません。もし、自分の気持ちや、考えを後回しにして生き延びてきたのだとしたら、その一歩は、かなりハードルが高いことがわかります。

それでも、ＳＯＳの先にある感情に触れることができたら、その感情がどこから来ているのか、一緒に探っていくことができます。その前段として、周りの大人が子どもや若者が抱えるであろう「困りごと」について知り、いつ、誰が「困りごと」を抱えても目を配り声がかけられるようにしておかなければ、とも思うのです。

これには時間もかかり即効性を期待することができません。でも、そんな大人が居ることも頭のどこかに置いておいてほしいのです。

もし自分の気持ちに気がつき、吐き出してみたいなと思ったら、匿名《とくめい》でいいのでたとえば本書巻末のⅲ～ⅳ頁で紹介したＳＮＳの相談に（今多くのＳＮＳ相談窓口が存在しますが中には少し心配な窓口もあります。どこも安全であればいいのですが……）チャレンジしてみてください。死にたいほどつらい気持ちは身近な人にこそ話しにくいものです。ＳＮＳ相談は、安心できる距離を測る練習にもなります。ＳＮＳで相談するにも気持ちを文字にするという大仕事があります。時間をかけて、整理する中で新しい気づきもあるかもしれませんが、その作業にも、つらい記憶や経験が呼び起こされて余計に苦しくなるかもしれません。

まずは、安全な場でSNSの相談をやってみましょう。つらくなったら中断し、そこまでできた自分をねぎらってあげましょう。回答が来たらその回答は自分のタイミングで読むことができます。必要なときに必要な言葉を拾い上げてください。SNS相談は人に相談をすることに慣れるために有効なツールです。気持ちを伝えることは難しい、ということも実感できます。少し慣れてきて、手段や方法が見えてきたら、リアルな窓口にも声をかけてみてください。そこまでの準備をSNS相談でするのもありです。まだまだ、発信しなければ「困りごと」が支援につながらない社会の中で、SOSを発信して、「困りごと」が支援につながることを体験し、人に依存しながら生きていく、そんな選択肢があることも知っておいてほしいのです。

人の言葉に振り回されない

人の反応が気になりますよね。こんなことを言ってどんなふうに思われるのか。相手をがっかりさせるんじゃないか。そして、距離を置かれてしまうんじゃないか。そんなことばかり考えて、自分の気持ちをストレートに伝えられなくなったり、ごまかしたりしてしまいます。安全な居場所の一つの基準は、本音で話すことが許されている、そんなふうに感じることができる場所だと思います。外では、あるいは本人には言えないけれど、というような本音を安心して言えるのは、本当に大事なことです。ものすごく嫌な思いをさせられたときに、あんな人とはもう話したくない！　本当にひどい嫌な人！　とつい、口にしたときに、「そんなことは言うもんじゃないよ」とか「自分が言われたらつらいでしょ？　人の気持ちも考えたら」なんて言われたら、もう絶対自分の気持ちなんて話すもんかって思います。

周囲の目ばかりを気にする社会の中では、なかなかほっと息をつくことができません。本音と建前の使い分けくらいわかっていて、それでも本音を吐き出さずにはいられないから吐き出しただけなのに、それを否定されたら、本音を出せる場所はどこにもなくなってしまいます。マイナスのイメージを持たれたり、嫌われたりしないように、本音どころか何も話せない、話さない選択をするようになってしまいます。そうすることで、楽に生きることができるようにも思えるけれど、自分が透明人間になっていくような気がします。害もないけれど、存在に気がついてもらえないのも悲しいものです。そして、自分自身が何を考えてどんなことを感じているのかもわからなくなります。

そもそも人が人をどんなふうに見て、どんなふうに思うのかは、その人の自由であり、その人の勝手な解釈なわけです。人をこちらの思いでコントロールすることはできないし、してはいけないことです。こちらも自由を求める以上、相手も自由なわけです。何かを伝えるところまでがこちら側のできること。そこから先はこちらの力の及ばないところです。そうしたら、そこの部分は手放すしかないですよね。いくら言葉を尽くしても、気持ちや考えが100%届くわけではありません。だからこそ誤解がないように、ていねいに話すことはしていきたいけれど、そもそも自分=相手ではないのだから、ずれは必ず生じます。

解釈にいたっては、その人の中に、その人の物差しがあり、その人のわかる範囲でしか話の内容を判断されないのです。同じような経験があると、ほしかった言葉がもらえるのは、同じような物差しの存在のせいかもしれません。いじめられた経験がなければ、あるいはいじめられないようにしなければという思いが強ければ、いじめられていることを否定的にとるでしょうし、周りとうまくできないことのほうに課題があると思われ、注意されてしまうかもしれません。納得いかない言葉の数々や思いをぶつけられることは悔しいけれど、人の考えを否定することもコントロールになってしまいます。コントロールしあうことは本当に疲れますし、自分の嫌な面を見ることになります。

人が何を思い、何を言うか、気にしないようにすることはとても難しいけれど、人との境界線を考えたときに、そこは越えられないところだから、周りの人に勝手に自分の境界線を越えて入り込まれないようにするためにも、自分でも相手の境界線を越えて入り込まないように気をつけようと思います。

人が言うことは本当の自分ではない、その人の描く勝手なイメージなんだ、そのイメージとは距離を置こう、そう思えると人の言葉が気にならなくなります。

振り回されないようにしようと思う理由には、「言葉」自体にもあります。

時々、言葉の持つ力に怖さを感じることがあります。もちろん、言葉に勇気づけられて、力をもらうこともたくさんあります。言葉を使うときには本当に相手のことを考えながら、その影響を考えないといけないなと思います。

たとえば、「かわいそう」という言葉。その言葉をかけられることで、人との間に見えない線が引かれていきます。「かわいそう」という言葉を使う人は、自分を基準にして、つらそう、苦しそう、ひどい目にあわされている人、として相手を見て、手を差し伸べるべき対象ととらえます。

あなたはかわいそう、私はそうではないけれど……というニュアンスを感じてしまうのです。だからつらい、かわいそう、と言われると、憐《あわ》れみをかけられたようで、傷ついてしまいます。エネルギーに満たされたときであれば、「そんなことないよ」とか「かわいそうでしょう？」と受け流すこともできます。「困りごと」を抱えているときにこの言葉をかけられると、人から見て、「自分はかわいそうな存在なんだ」と打ちのめされ、自分の「困りごと」に触れられることを拒《こば》むようになってしまいます。

言葉に振り回されず、「かわいそう」かどうかも自分で決めていいのです。人に勝手に「かわいそう」のラベルを貼られることがしんどいのです。ときにはかわいそうな自分にどっぷりつかって、立ち直るまでの時間を過ごすこともありだな、と個人的には思います。

迷惑のかけ方

私自身も人に迷惑をかけたらいけない、と思いつづけてきました。迷惑だろうから、と言葉を飲み込んだり、集まりに顔を出すことをやめたりしたことがあります。人に迷惑をかけないようにしようとすると、自分で「困りごと」を抱え込み身動きがとれなくなります。迷惑をかけてしまう自分に罪悪感を持ってしまいます。「迷惑をかけてはいけない」、そう強く思えば思うほど、迷惑をかける人はだらしがない人で、批判されても仕方がない、ということになりかねない、わけです。

そのことに気がついてからは、「迷惑をかけてはいけない」という考えにブレーキをかけることにしました。誰でも、できないことがあって当然なのだから、そのできないことに力を貸してもらうことは、何ら批判されることではないのです。

そもそも迷惑とは、不利益を受けたり、不快な思いをする、ということで、受けとめ方なわけです。こちらが迷惑だろうと思っていても、相手がそうは思っていない場合もあります（相手が迷惑と思わなくてもこちらが不利益をこうむることもあるわけですが……）。それを先回りして、気にする必要はないのかもしれない、と思うようになりました。自分の気持ちが空回りしているようにも感じたのです。毎日の生活の中でまったく人に迷惑をかけずに生きていくことのほうが、ありえないことでしょう。人に迷惑をかけているからこそ、人の迷惑を受けとめられるのだと思うのです。

仕事をしていて集中力を欠く場面もあったりします。ほかに気をとられていたり、体調がすぐれないときもあります。でも、迷惑をかけるぐらいなら自分でやるしかない、と思い込んでやってみたところでうまくいかない、そんな経験もあります。最初からできないことを伝えて、別の手立てを考えてもらったほうがよっぽど迷惑をかけなかったな、と反省することも。

そんな話を友人にすると、「迷惑かけてごめん」とか「何もできずごめん」的なことを、そもそも言ったり、感じたりする必要はない、と怒られました。怒られているにもかかわらず、このコミュニケーションは私にとって心地よいものでした。そうか、迷惑かけてもいいのか、とあらためて思ったのです。代わりにやってもらう、負担を肩代わりしてもらう、後始末をしてもらう。今回はお願いしよう、次に自分にできるときがくれば自分がやればいい。

もう一つ、このときに学んだのは、たとえば迷惑をかけそうなことを提案して、たとえ断られたとしてもそこに心地よいコミュニケーションが存在すれば、気が楽になる、ということでした。

迷惑はかけてもいいもの、という文化を広げていかなければいけませんね。

普段から人との距離のとり方には気をつかいます。私も、迷惑を持ち込むときは相手を見定めてからにしています。一人の人でうまくいかないからと、白黒思考（all-or-nothing thinking）で迷惑をかけないことを選択しないでほしいです。話を聞くよ、というサインをくれる人（もちろん、安全な人であることは確認してください）に話せるところまでを話してみてください。全部話す必要はありません。話した相手が急に態度を変えたり、話したことを後悔するような流れになるようなら、いったん、そこでおしまいにします。そして、この人なら、と思える人に出会えるのを待ちます。

「困りごと」を抱えると、特に親しい人には迷惑をかけたくない、という気持ちがむくむくと湧いてきます。話をしながら、「迷惑をかけるくらいなら死んだほうがいい」という言葉をよく聞くのだけど、やっぱりこれは違う気がします。「迷惑かけてもいいから生きていこう」のほうが人間らしい気がするのです。

遠慮しない、ということ

小さいころから、遠慮する、ということを家庭や学校やいろんな場面で教わってきた気がします。もう一つほしいな、と思ってもそう言い出せなかったりします。できるな、と思っても自信があるようには振る舞えず、できることを発信せずに、やらなかったりします。遠慮がちじゃないと、空気が読めず自分勝手な行動をしているように受け取られます。

遠慮がちに話したり、行動したりすることは奥ゆかしいとか、美徳とされているように思います。いくつかの辞書を引くと、遠慮とは他人の気持ちを考えて自分の行動や発言を控えること、社会生活をスムーズに進めるために重要なコミュニケーションツールであるとか、他人の立場や感情を尊重し調和を保つための行動である、と書かれています。なんだかムズムズします。

遠慮をすることが自分の意思であるならばいいのですが、遠慮という言葉からは、「させられている」感じが強くしてしまうのです。辞書の意味からすると、遠慮は相手のためにすることのようにとれます。相手を思い行動することは大切です。でも、過度に配慮しすぎることもないと思います。相手がどう思うかは本当のところわかりません。

日本の文化では、なかなか本心を伝えあうことをしません。腹の探りあいをして疲れてしまうこともよくあります。だからこそ、あえて遠慮しないで、という言葉をかけなければ動き出せない状況を作り出しているように思うのです。相手にどう思われるのか、という不安が遠慮を作り出している気がするのです。

年をとったり、その場に慣れてくると、どう思われるかが気にならなくなり遠慮が影をひそめてきたりします。緊張感を与えられたり、良し悪しを評価されてしまうような場では遠慮させられてしまいます。遠慮もうまく使い分けられるといいのだと思います。相手の評価ではなく、自分の気持ちに添って行動に移せるようになれたら、こころの負担は軽くなります。

遠慮を強いるような空気を漂わせることなく、場をつくっていくことも必要です。もし、遠慮がないことで傷ついたり、苦しくなるのであれば、それは「遠慮」という感覚が悪さをしているのではなくて、自分の境界線を越えて相手が入り込んでいることにほかなりません。そんなことも頭に入れながら、自分の気持ちを解放していきたいと思います。

苦しいことはずっとは続かない

「困りごと」を抱えたり、つらい思いをしているときには、自分に自信がなくなり、周りの人の声が届きにくくなります。励ましですら嫌味に聞こえてしまったり、人との距離を感じてしまいます。一人になりたいと思って距離をとってみたら、今度は逆に周りが気になってしまうこともあります。そして、どうして周りはわかってくれないのかなと不審に思ったり、必要以上に傷ついたりします。こうなると、思考は停止し、凝り固まってしまうし、視野狭窄に陥ってしまいます。つい、今の苦しい状況がずっとずっと続くように感じてしまいます。そんな状況に耐えていくことに限界も感じ、もう終わりにしたいという感覚が強くなります。

私も、子どものころは特にそんなふうに思っていました。どうしても片づかない宿題に取り組まずに済む方法はないかと考えて、こんな苦しい状況からはきっとずっと抜け出せないのだろうと眠れないこともありました（今から考えると、なんであそこまで追いつめられたのだろうか……と不思議になりますが、当時は本気でこの世の終わりを望んでいました）。

苦しいことや「困りごと」を手放すときは必ず来ると思うのです。周りの大人はその手伝いをするために存在するとも言えます。今をしのいで生き延びてもらうためにも、今ではなく少し先の自分を思い描くことができるように、「困りごと」を具体的に解決していきたいのです。

もちろん変えられないこと、解決できないこともたくさんあります。特に、相手を変えようと思っても無理なことのほうが多いです。変わらないこと、変えられないことにエネルギーを注ぐのは、本当にしんどいことです。変わることが望めることならば、そこに力を注ぎます。変化が望めないのであれば、もうそのことを良し悪しでなく受けとめるしかないのかもしれません。難しいのは、変えられることなのか、変えられないことなのか、その二つを見極めることなのかな、と思います。

私自身は変えられないことを受け入れ、自分を納得させることがとても苦手です。なんともできないことを、なんとかしようと躍起《やっき》になりがちです。そして、イライラしたり、苦しくなります。

あるとき、グループワークに参加している方が、人間関係にも賞味期限と消費期限がある、と話してくれました。人と付き合うことの難しさを感じ、どんなふうに距離をとっていくのがいいんだろう、と話し合うことがその日のグループワークでのテーマでした。人との距離感をこんなふうにとらえるなんて、おもしろいたとえだなと思いました。

消費期限は食べ物が安全に食べられる期限。賞味期限はおいしさの品質が保たれる期間。賞味期限を超えたからすぐ安全でなくなるわけではないから食べることはできるけれど、消費期限を超えると食品は安全でなくなる可能性があるから食べることは避けたほうがいい、私はそんな理解でいました。

人間関係の期限をあえて区切る必要はないけれど、人との関係で居心地の悪さを感じ、こんなことがずっと続くのは嫌だな、と思ったときには、割と効果的な考えなのかもしれないと感じたのです。自分にとって、その人と過ごすことが心地よい時期もしんどい時期もあっていいのかもしれないと、妙に納得しました。しんどいときに、今はそういう時期だから距離を置こう、と考えることは悪いことではないのです。そして、そのしんどさから抜け出すことができるときも必ずくるのです。苦しいことを終わらせる理由を探すのも大事なことです。私は日々こうやって自分を納得させる材料を探しつづけています。

自分の機嫌のとり方

嫌なことがあったときに、自分の中でルーティンを決めました。

私はどちらかというと、嫌なことがあると、そのことについて考えすぎて、言葉や思いで頭がいっぱいになります。ほかのことを考えていたり、何か別なことをしていても気がつくと自分の棚卸《たなおろし》をしているのです。これでは疲れてしまうのも無理はないな、と気がついたのです。

自分の棚卸、わかりますか？　嫌な出来事からスタートするものの、その出来事を振り返る中で、今までの自分のことや、少し遠ざけてきた課題に向きあい、深掘りして、さてこれからどうしていこうかと考える作業です。普段気がつかない自分に気がついたり、「なりたい自分」に近づくためのツールを得られる作業ではあります。エネルギーがあるときにやることはお勧めなのですが、わざわざ、しんどいときにしなくても、と思うのです。でも、考えないようにすればするほど、考えてしまうのです。意識して何もしないように考えることは、本当に難しいです。

そこで、ルーティンを決めたのです。どんなにしんどくてもプールに行って泳ごう、と。落ち込むと気持ちが内に内に向かい、外の世界とつながることを避けようとします。外に出てしまえばなんということはないのに、ついつい億劫になります。体を動かすこともしんどくなり、狭い世界にポツンといる感覚が強くなります。気分を変えるというより、やらなければいけないことがある、という状況をまずつくりたかったのです。

泳いでいると自然と体が解放され、緊張が解けていきます。本当にしんどいときは泳がなくてもプールサイドでボーっとしていてもいいな、とゆるめのルールを決めました。泳ぎはじめると何も考えなくなります。手足を動かして、息をすることにだけ集中していると気持ちが無になり、頭が空っぽになります。空っぽを体感すると、自分の容量が、いっぱいいっぱいだったことに気がつきます（それに、プールの中では泣いていても誰にも気づかれません。泣いている自分に触発されて、余計に感情を揺さぶられることも少なく済みます）。

一度空っぽにして容量をリセットする。そのうちに鬱々《うつうつ》としていた気持ちなんて、なんだかどうでもよくなってきます。とにかく無になると、言葉や思いを新しくつめ込むことのできる隙間が生まれます。隙間を自覚すると、新しい言葉や気持ちが湧いてきて、その隙間に自然と収まっていくのです。プールの中は私にとって、いろんな刺激から遠ざけてくれる場になっていたのです。

誰も話しかけないで、というオーラを出しつつ、ただただ体を動かして泳ぎます。あれほど嫌だった「孤」を楽しめている。そんな自分がおかしくなり、気持ちが少し上向いていることに気がつくのです。人それぞれに、自分の機嫌のとり方があると思います。無理のない範囲で自分の機嫌を自分でとれるように、元気や余裕があるときに、何かルールやルーティンを考えてみるのも一つかもしれません。

毎日の生活にソーシャルワークを持ち込んで乗り越える

日々生活していてソーシャルワーカー的な感覚や視点が抜けきれなくて嫌になるなぁ、ということもたくさんあります。町の中で見かける親子のやりとり、高圧的なお知らせの書き方、差別を助長するような耳障《みみざわ》りな言葉。いちいち反応してしまい、腹を立てたり、声をかけたりしてしまいます。ある意味余計なお世話を焼きがちです。友人の、ソーシャルワーカー的な意見だよね、という反応にハッとすることがあります。

それでも、ソーシャルワークが染みついた面倒くさい自分を自覚する反面、ずいぶん救われたなと思うこともあります。

自分の気持ちのアセスメントとセルフケア、これは私が一番苦手なことです。仕事を始めたころは、これがまったくできなくて、ほぼ毎日胃薬を飲んでいました。気持ちの切り替えができなくて、仕事をひきずり、寝る前に泣いていたりしたこともありました。

患者さんとの面接の中では、まずは自分の気持ちに向きあってセルフケアの方法を探しましょう、なんて話しているのに、自分のこととなると本当にわからず、できずにいたのです。自分の気持ちに気がつき、自分を大事にするということが、いかに難しいことか、ということがわかります。

朝起きぬけになんだか気持ちがどよんとしていて、身体が動かないことがあります。「なんだっけ？　なんで今、どよんと悲しいんだっけ？」と気持ちが先行して頭がついていかないことがあります。そんなときは一度落ち着いて、なぜ、今悲しくなっているのか、その根っこを確認する。あの面接が気になっているんだな、あの面接のことならどよんとしても仕方ない。この悲しい気持ちは想定内のことだと整理します。こんなことを普段の生活でも試してみたりしました。

一緒に働いていた先輩はまったくの正反対、病院を出たら全部忘れる、という人でした。その合理的な考えに触れるたびに、感化されたのです。ロールモデルがあるというのは大事なことです。具体的な姿が見えるということは自分の目指すべき道がわかるのです。自分の気持ちに気がつくと、自分自身をケアする視点が持てるようになります。そろそろ、胃が痛くなるなとか、今日は考えはじめたら眠れなくなりそうだな、とか予測が立てられるようになります。そして気がついたことを話し、変化を一緒に確認してくれる、そんな先輩と仕事をする機会を持てたことが、私にとってはとてもラッキーなことでした。

人との距離のとり方もその一つです。人は人とコミュニケーションをとるパターンをそれほど多く持っていません。だから、つまずいたり、トラブルを起こすのも、似たようなパターンが多いように思います。

自分のコミュニケーションパターンや癖を知っておくことは大事です。人との距離が近すぎて苦しくなりそうな場合には、早めに自分が安心できる距離感を確認します。もう少し近づきたいけど今のタイミングではないかな、もう少し様子を見てみようとか、仕事をするまではあまり考えたことのないことでした。仕事をする前は急に距離を縮められてびっくりしたり、仲良くしていた人が理由もわからないまま急に離れてしまったりという体験をしても、何が起きているのか理解できずにいました。

自分の周りにも、誰の周りにも、ほかの人には入ってきてほしくない境界線が存在するのだということを自覚したのも、この距離を意識してからです。自分の境界線が意識されると、ほかの人の境界線も大事にしようという気持ちになります。急に距離を縮められるのも怖いものです。距離や境界線を意識すると人を尊重する、という感覚が持てるようになります。

この感覚が今の時代はわかりにくく、この感覚を持ちえないまま、SNS等を利用してしまうと、トラブルを生みやすいのではないかと思います。顔が見えない分、攻撃もしやすいし、誤解もしやすいです。対面でのコミュニケーション以上に、余計にほかの人との境界線を意識して、発信したことがどんな影響を与えるのか、考えることが大切になってきます。

子どもたちから、「助けてもらってばかりも苦しくなる」という言葉を聞いて、教科書で学んだ、対等とか支援関係についてもあらためて考えました。生活をするうえで、活かせるなと思い、one down position（そもそも力を貸してもらおうと思う立場になると、手助けする人のほうが力もあり、立場が上のような気がしてしまいます。そんな関係が続くとなんとなく自分の力のなさを感じたり、ダメな自分を意識しがちになります。そのため、力を貸す側こそがそのことを意識して、一つ低い立ち位置からやりとりをしましょう、という考え方）でコミュニケーションをとる、ということを身に着けました。

知らないことで、相手を傷つけてしまうこともある、まずは、聞かせてもらって、それから考える。自分の気持ちを伝えるのはそれからかな、と順番を整理します。どんなに正しいことを伝えても、伝え方や、相手の思いとずれていれば、その言葉は届かないばかりか、武器になって相手にけがを負わせてしまうこともあるのです。ソーシャルワークを学んだことで、少し、生きやすくなった部分もあるな、と思いました。

それでも死にたくなったら

死にたい気持ちが急激に襲ってくることがあります。でもその高まった気持ちがずっと続くわけではありません。衝動的なその波をかわす方法を考えておきたいと思います。衝動的な死にたい気持ちは、ずっとずっとピークにあるわけではないはずです。根本的な解決にはならないけれど、ピークを越えることで、死なない選択をすることもできるのです。

この波に一人で立ち向かおうとするとうまくいきません。できることなら、というよりは、とにかく一人にならないでほしいのです。一人になると音や声も耳に届かなくなるし、何も目に入らなくなります。死ぬことだけに集中してしまいます。

その波を乗り越えるために、落ち着いているときに気分を変えるリストをつくっておいてください。話を聞いてくれそうな人の名前や連絡先、SNSの相談窓口もありです。気分をそらすことができる場所、音楽、匂い、食べ物。そしてそのリストを誰かと共有しておいてください。死にたい気持ちの足跡をそこかしこに残してください。迷惑かもしれないけれど、誰かがその思いに気がついてくれるかもしれません。気持ちが死にたい思いに傾いてしまわないようにするには、つっかえ棒が必要です。

話を聞くことが、つっかえ棒になる人もいました。あるときは知らない人ばかりの雑踏が気持ちをすくい上げてくれた、という人もいました。何か食べ物や飲み物を口にするのもいいです。どんな感覚でもいいから、閉じた気持ちに紛れ込ませてみてほしいです。どんなときに、ふっと気持ちが軽くなる瞬間を自分が持てるのか、エネルギーがあるときにいろいろ試してみてください。

おわりに

死にたい気持ちを誰かに伝えることは本当に難しい。自分の弱さを伝えることになるし、その前に自分の弱さに向きあわなければいけない。伝えた相手が、慌《あわ》ててしまったり、困った様子が伝わってくるといたたまれなくなる。死にたいと思うことは悪いこと、口にしてはいけないこと、とされてしまう。そして実際に、誰かが自殺をしてしまったら、みんなが口をつぐんでしまう。だから、家族も自死について隠さなければいけない状況になってしまう。ここでも自死はいけないこと、忌《い》み嫌われることになっている。触れることのできないセンシティブな話題になればなるほど、口にすることははばかられる。

それでいて、死にたい気持ちになったらSOSを発信してほしい、はないよな、とやはり思います。死にたいほど苦しいつらい思いを含めて、ネガティブな感情も、なんでも言葉にしていい土壌をまずつくらなければいけない。自分自身も吐き出さなきゃ、と思うし、誰かが吐き出したときは、「そんなこと言わないで、元気出して」をいったん引っ込めて「そうなんだ、苦しいんだね」と次の言葉を待ちたいと思います。

今日一日を生き延びる

人は、その日一日を生き延びる力をどうやって手に入れているのでしょうか？

救命救急センターで出会った人たちは、処方薬をためたり、市販薬をたくさん手に入れることで、「これがあればいつでも死ねる」「今日一日をしのぐことができる」「だから生きてこられた」と話してくれました。毎日つらいことばかりだけど、楽になる手段を準備しているから、今日を乗り越えていくことができる。死ぬことを積極的に望むわけではないけれど、生きることにしがみついているわけでもない。感覚を鈍くして「困りごと」に向きあうことは避けている。切ない思いを抱きながら、毎日をやり過ごしている、そんな言葉を繰り返し耳にしました。

毎日が苦しいと、その苦しさを感じなくてもすむように、目を閉じて、耳をふさいで、傷が大きくならないように、そっと一日の終わりを待つようになります。来る日も来る日も同じように苦しかったら、絶望し生きていくことに疲れてしまい、明日をあきらめてしまうかもしれません。

今日よりもほんの少し明日を生きることが楽になる、そう思うことができたらどんなにいいでしょうか。今日を生き延びる術はどうやったら手に入れられるのだろう。今日を、ぐっとこらえてやり過ごすこと。そのためには自分の殻《から》に閉じこもることも大事です。エネルギーを充塡して動き出せるときを待つこと。そのときが必ず来るのだと信じること。そんなことを共有できる誰かの存在が必要になります。つい、気分を変える何かに頼りそうになるけれど、ここは人に迷惑をかけつつ人に頼ってほしいと思います。もし、そんな人が周りに居ないのなら、まだ出会えていないだけなのかもしれません。頼れる人に出会えるまで、探しつづけて生きていてほしいと思います。

雨が降る中で気持ちがささくれ立っていた日がありました。そんな日に地域の居場所づくりの中で、子どもたちと宿題をしたり、ご飯を一緒に食べて過ごしました。暖かい部屋の中で、笑顔が見られて、おいしいものでおなかがいっぱいになって、少しずつ気持ちも落ち着いてきました。

帰り際に子どもたちから、「またね」「また今度も続きをしようね」「また明日ね」という言葉をかけてもらいました。「またね」と言うことができるのは、実は何より幸せなんだな、とこのときに思いました。「またね」という言葉がくれるのは、次につなぐことができる希望だな、と。

必ず、「またね」が実現するわけではないかもしれないけれど、この言葉で、次に気持ちをつなぐことができるなんて、素敵だなと思ったのです。なんだか明日に期待している自分が居たのです。

本当に小さなことだけれど、毎日しんどい中でも気持ちがほっと和《なご》む瞬間があります。こんな一瞬が生きる力になるのかもしれません。

それでもなお生きていてほしい

読み進めて、説教臭いなとか、気持ちを押しつけられて嫌な気分にもなったかと思います。それでも、やっぱり生きていてほしいのです。今のつらい気持ちがずっと続くわけではないこと。この先嫌なことがないわけではないけれど、同じくらい良いことも待っている、はず……だと信じているからです。

嫌なことに縛られ、苦しい時間が長く続いていた私自身も、このつらい時間は永遠ではないこと、必ずこのつらさから解放されるのだということを、信じているし、経験からも終わりがくることを頭では理解できていました。でも、気持ちは頭とは別物です。わかっていても打ちのめされるし、悲しい気持ちになります。そんなときに気持ちをすくい上げてくれるのは、本当に小さな小さな「うれしいな」であったり、「ありがとう」だったりします。

見上げた空が真っ青だったこと、夕焼けが綺麗《きれい》だったこと、桜の花が健気《けなげ》に今を謳歌《おうか》していること、知らない人の親切、友達の気づかい、びっくりするくらい美味《おい》しかったお菓子、おもしろかったドラマ……。今ここに自分が存在していなければ体験できなかった感覚・気持ちが湧き上がる。それ自体がありがたいことだなと思える瞬間がいつか必ず来るんです。そんな瞬間を、待ちながら嫌なことは遠ざける。

嫌なことから解放されないと、楽しいことやうれしいことに気がつかないものです。嫌なことから自分を守るためにも、こころが柔らかく、いろんなことを感じることができるように、日々修行をする、そうやって生きる意味を自分に言い聞かせている毎日です。だから一緒に生きていてほしいな、と思うのです。

あとがきにかえて

人のこころが挫《くじ》けてしまうのは、雑に扱われたり、大切にされないと感じるときです。人からはもちろん、自分自身からも受け入れられない、排除される感覚。

今、ある街で子どもの権利について考える場に参加させてもらっています。遅ればせながら、子どもの「権利」って何だろうと考える毎日です。今まで、漠然と感じていた、いろんな場面で感じる違和感や、怒りに似た感覚がよみがえってきたり、バラバラな思いがつながっていったりということを繰り返しています。なんとか考えをまとめていこうと、本を読んだり、各地でつくられた子どもの権利条約を読んでもなかなかすっきりしません。「権利」とは、そもそも誰の手にもある当たり前のモノのはずです。それを今、定義して条例にしなければいけない社会って何なのだろう、というのが私のもやもやの入り口です。多くの条例や文書では、子どもたちが自分の思いや考えを自分の言葉にして、それを実現していくことが子どもの権利である、と解釈されています。

ちょっと違うんじゃないかな。子どもの権利を大人が定義する前に、むしろ大人はもう一度、歩みを止めて、子どもたちがどんな景色を、どんな思いで見ているのか考えるべきだと思うのです。

1989年に国連で採択され、1994年に日本でも批准《ひじゅん》された「児童の権利に関する条約(子どもの権利条約)」の前文には、子どもたちはすべて、「幸福・愛情及び理解のある雰囲気の中で成長すべき」であり、「必要な保護及び援助を与えられるべきである」と書かれています。この安定した、安全な双方向で応答可能な人間関係の喪失こそが問題なのです。

子どもたちが抱える「困りごと」を、子どもたちに焦点を合わせてなんとかしようとする前に、子どもたちに愛情や理解のある幸福な環境を手渡すこと、自分の思いを受け入れ、こだまのように呼応してもらえる経験を積み重ねていく日常を、まず大人が用意する覚悟をしていかなければなりません。

だから子どもたちには、今ある「困りごと」の責任を自分だけで背負わなければ、と思わないでほしいのです。その責任の一端を周りの大人にも「困りごと」のおすそ分けとして手渡してください。そうやって「困りごと」をシェアしあい、支えあうことで人の生活は回るのです。

それができる地域の中でこそ、初めて、子どもの権利について語りあう土壌ができるのだと思います。
そして何より、大人も子どもも、未来をあきらめないでほしいと思います。

2024年7月

加藤雅江

ソーシャルワーカーに出会うには

ソーシャルワーカーは病院や学校，行政の窓口に居ることが多いです。生きていくうえで，サポートしてもらうことは権利であり，ためらうことではありません。

相談する力が湧かないときはiii～iv頁にあげた電話相談やSNS相談をまず活用してみてください。

相談することに慣れてきたら，ソーシャルワーカーに会いに行ってみてください。うまく相談する必要はありません。「困りごと」を教えてください。

◎市区町村役所・福祉事務所

住所（住民票）のある役所が窓口になります（事情がある場合には，今いる場所の役所が対応する場合もあります)。引っ越しなどで住所が変わったときには届け出を出します。国民健康保険や年金の窓口があります。病気になったり，障害を持ったり，経済的に心配なことがある場合にはそれぞれ相談窓口があります。制度やサービスを利用したいと思うときに，相談をすることができます。

◎児童相談所

原則18歳までの子どもが対象になります。

子どもを育てている保護者の相談にものります。

子どもが生活する中で「困りごと」がある場合に相談をすることができます。

子どもの虐待の窓口でもあるので，不安になったり心配なことがあれば匿名でも相談ができます。相談をした人やその内容に関する秘密は守られます。

電話で相談する場合「189」は24時間365日，通話料は無料で相談できます。

◎子ども家庭センター（2024年から法律により名前が変わっています。地域によって呼び方が違うことがあります）

18歳未満の子どもや子育て中の保護者からの相談を受けているところです。

地域ごとにあるサービスや制度に詳しいので，相談して頭を整理したり，情報をもらい「困りごと」を解決する準備をすることができます。

住んでいる地域の役所に問い合わせると，相談できる連絡先がわかります。

◎保健所・保健センター・精神保健福祉センター

精神的に不安定になったときに，こころの相談をすることができます。

アルコールや薬物依存についても相談ができます。

◎配偶者暴力相談支援センター

配偶者だけでなく，付き合っている人からの暴力についても相談ができます。まずは安全な場で自分をいたわり，エネルギーを充填させるための相談ができます。

電話で相談する場合「＃8008」に電話をすると今いる場所の近くの配偶者暴力相談支援センターにつながります。

全国のセンターの連絡先はこちらから→

◎地域若者サポートステーション（サポステ）

「働く」ということがキーワードにはなりますが，15歳から49歳までの人を対象に全国177か所（2023年度）にある相談支援のための施設です。「働く」ために必要な情報を得たり，スキルを身につけるためにサポートしてくれます。

全国のサポステについてはこちらから→

◎子ども・若者のためのシェルター（緊急一時保護所）

児童相談所や配偶者暴力相談支援センターに相談をすると，まずは安

全な場で生活ができるように一時保護所，シェルターの利用を提案されることがあります。公的な施設だけではなく，民間のシェルターも各地にできています。シェルターにはソーシャルワーカー・心理士や弁護士が居て，子どもや若者の権利を守ることができるようサポートします。シェルターを利用できる期間は短いですが，次の生活を始めるために休養したり，環境調整のお手伝いをします。

子どもシェルター全国ネットワーク会議加盟団体はこちらから→

【電話，メールやSNSでも「困りごと」を相談できる場所】

◎法テラス（日本司法支援センター）
法的な解決方法を求めて相談ができる窓口です。相談したいことを電話で伝え，制度や支援の方法について情報を手にすることができます。
0570-078374
メールでの相談も受けつけています。
全国の法テラスについてはこちらから→

◎チャイルドライン（18歳以下の子どものための相談の窓口）
0120-99-7777（0120から始まる電話は通話料がかかりません）
チャットもあります。
チャイルドラインのホームページ→

◎子どもの人権110番
電話は近くの法務局につながります。いじめや虐待などはそれぞれが持つ権利の侵害になります。誰に相談したらいいかわからないとき，相談することができます。
0120-007-110
メールでも相談を受けつけています。

◎よりそいホットライン
外国語での相談も可能です。
自殺予防やDV・性暴力・セクシュアルマイノリティ専門の電話回線もあります。
0120-279-338（岩手県・宮城県・福島県からは
0120-279-226へおかけください）
こちらも見てください→

◎生きづらびっと
つらい気持ちを聞いてほしい，助けてほしいと思ったときにLINEや電話で相談することができます。

◎特定非営利活動法人BONDプロジェクト（10代20代の女の子専用）
女の子のための相談窓口になります。誰にも言えないと苦しんでいることを，一緒に考えてくれる場です。

著者
加藤雅江（かとう　まさえ）
杏林大学保健学部健康福祉学科教授（精神保健福祉士，社会福祉士）
1967年東京都生まれ。1990年から大学病院で医療ソーシャルワーカーとして勤務。2020年から大学に異動。2016年 NPO 法人居場所作りプロジェクトだんだん・ばぁを立ち上げ，子ども食堂などの活動に取り組んでいる。社会福祉法人子どもの虐待防止センター評議員，日本子ども虐待医学会代議員，NPO 法人子ども・若者センターこだま副理事長。主な著書：『「ヤングケアラー」深層へのアプローチ――SNS で出会う，つながり続ける』（本の種出版，2022年），『いろんなきもちあるある　22のメッセージ』（本の種出版，2023年）など。

装画　平岡淳子

装幀　宮川和夫事務所

死にたい気持ちに触れるということ
――ソーシャルワーカーが見ている景色

2024年10月22日　第1刷発行

定価はカバーに
表示してあります

著　者　加藤　雅江
発行者　中川　進

〒113-0033　東京都文京区本郷 2-27-16

発行所　株式会社　大　月　書　店

印刷　太平印刷社
製本　中永製本

電話（代表）03-3813-4651　FAX 03-3813-4656　振替 00130-7-16387
http://www.otsukishoten.co.jp/

ISBN 978-4-272-36102-1　C0036　Printed in Japan